ALGARVE
INSIDER-TIPP
Deine Abkürzung ins Erleben!
Reisen mit MARCO POLO Insider-Tipps

MARCO POLO TOP-HIGHLIGHTS

ALBUFEIRA ★1
Schönste Strände im Umland, Cafés, Kneipen und Restaurants ohne Ende, dazu etwas außerhalb die Marina

➤ S. 85, Der Barlavento

LAGOS ★2
Hier schrieb Prinz Heinrich der Seefahrer Entdeckergeschichte, heute punktet Lagos mit stimmungsvoller City und dem Hafen

➤ S. 68, Der Barlavento

VILA-ADENTRO (ALTSTADT) VON FARO ★3
Mitten in Faro mutet die Altstadt wie ein Museum mit Kathedrale, Kloster und verwinkelten Gässchen an

➤ S. 42, Der Sotavento

CULATRA ★4
Mit der Fähre in die autofreien Inselwelten von Culatra und Armona gondeln, am Strand wandern, Ruhe genießen

➤ S. 52, Der Sotavento

TAVIRA ★5
Eine Stadt der Kirchen liegt malerisch am Rio Gilão
Tipp: An der Praia do Barril, auf der Ilha de Tavira, gibt's einen riesigen Ankerfriedhof im Sand – er bietet irre Fotomotive

➤ S. 53, Der Sotavento

IGREJA DE SÃO LOURENÇO ★6
Beste portugiesische Azulejos-Kunst in der Barockkirche bei Almancil. Vergoldete Schnitzereien zeugen von vergangener kolonialer Macht

➤ S. 48, Der Sotavento

LOULÉ 7

Highlight in diesem hübschen Hinterlandstädtchen ist die neomaurische Markthalle, und eine kleine Burg gibt es obendrein

Tipp: Komm am Vormittag, dann sind die Auslagen der Markthalle noch prall gefüllt und du kriegst mehr Fische vor die Linse

➤ S. 120, Das Hinterland

SERRA DE MONCHIQUE 8

Die Wanderwege und Bergstraßen rund um das Dörfchen Monchique erschließen den knapp über 900 m hoch aufragenden „Garten der Algarve" der Serra de Monchique

Tipp: Klettere auf die Felsen am Fóia-Gipfel, hier hast du die besten Panorama-Aussichten Richtung Küste

➤ S. 115, Das Hinterland

ARRIFANA 9

Die fantastische Aussicht auf die steilen Klippen der wilden Costa Vicentina raubt einem den Atem

Tipp: Spektakuläre Surf-Pics gibt's am Strand von Arrifana, schon vom Parkplatz aus siehst du die Wellen anrollen

➤ S. 106, Die Westküste

CABO DE SÃO VICENTE 10

Europas Südwesteck, ein von Wind und Wellen bedrängtes Kap (Foto)

Tipp: The Place to be, wenn überm Meer die Sonne untergeht und der Leuchtturm im Abendlicht posiert

➤ S. 101, Die Westküste

INHALT

36 DIE REGIONEN IM ÜBERBLICK

38 DER SOTAVENTO
Faro 42
Rund um Faro 48
Olhão 49
Rund um Olhão 52
Tavira 53
Rund um Tavira 57
Vila Real de Santo António 59
Rund um Vila Real de Santo António 61

64 DER BARLAVENTO
Lagos 68
Rund um Lagos 74
Portimão 76
Rund um Portimão 82
Albufeira 85
Rund um Albufeira 89

94 DIE WESTKÜSTE
Sagres 98
Rund um Sagres 101
Aljezur 102
Rund um Aljezur 105

108 DAS HINTERLAND
Silves 112
Rund um Silves 115
Monchique 115
Rund um Monchique 119
Loulé 120
Rund um Loulé 124

INHALT

MARCO POLO TOP-HIGHLIGHTS

2 Die 10 besten Highlights

DAS BESTE ZUERST

8 ... bei Regen
9 ... Low-Budget
10 ... mit Kindern
11 ... typisch

SO TICKT DIE ALGARVE

14 Entdecke die Algarve
17 Auf einen Blick
18 Die Algarve verstehen
21 Klischeekiste

ESSEN, SHOPPEN, SPORT

26 Essen & Trinken
30 Shoppen & Stöbern
32 Sport

MARCO POLO REGIONEN

36 ... im Überblick

ERLEBNISTOUREN

126 Voller Natur: der wilde Westen
130 Burgen und mehr: der unbekannte Osten
133 Durchs ursprüngliche Hinterland

GUT ZU WISSEN

136 **DIE BASICS FÜR DEINEN URLAUB**
Ankommen, Weiterkommen, Im Urlaub, Feste & Events, Notfälle, Wettertabelle

144 **SPICKZETTEL PORTUGIESISCH**
Nie mehr sprachlos

146 **URLAUBSFEELING**
Bücher, Filme, Musik & Blogs

148 **TRAVEL PURSUIT**
Das MARCO POLO Urlaubsquiz

150 **REGISTER & IMPRESSUM**

152 **BLOSS NICHT!**
Fettnäpfchen und Reinfälle vermeiden

Besuch planen	Essen/Trinken
€–€€€ Preiskategorien	Shoppen
(*) Kostenpflichtige Telefonnummer	Ausgehen
	Top-Strände

(A2) Herausnehmbare Faltkarte
(0) Außerhalb des Faltkartenausschnitts

BESSER PLANEN
MEHR ERLEBEN!

Digitale Extras
go.marcopolo.de/app/alg

DAS BESTE ZUERST

Ein Wunderwerk der Natur: Felshöhle bei Benagil

BEST OF BEI REGEN

SCHÖN, AUCH WENN ES REGNET

KNEIPENGEMÜTLICHKEIT AM STRAND

An fast jedem Strand gibt es die meist aus Holz gebauten Snackbars. Hier kannst du stundenlang sitzen, etwas trinken, lesen, denken ... Bei Regen und stürmischer See wird es z. B. in den Restaurants der *Praia da Galé* richtig gemütlich.

➤ S. 88, Der Barlavento

SHOPPEN GEHEN

An Regentagen sind sie Magneten: das *Designer Outlet Algarve* nahe Loulé (nebenan gibt's schwedische Möbel und Köttbullar), das *Forum Algarve* in Faro, *Algarve Shopping* in Guia oder das *Aqua Portimão* – Einkaufszentren mit Restaurants, Kinos und mehr.

➤ S. 46, Der Sotavento, S. 92, 79, Der Barlavento

MEHR ALS EIN HEIMATMUSEUM

Im *Museu do Traje* in São Brás de Alportel findest du gleich mehrfach Unterschlupf: im Heimatmuseum mit seiner Trachtenschau, in einem Nebengebäude mit einer Ausstellung zum Thema Kork und last, but not least in der Museumsbar.

➤ S. 125, Das Hinterland

SCHUTZ IM KLOSTER

Der wunderbare Kreuzgang gibt auch bei Regen Schutz, die davon abgehenden Räume sowieso: Der *Convento Nossa Senhora da Assunção* in der Altstadt von Faro war einst ein Kloster und beherbergt heute das Stadtmuseum.

➤ S. 44, Der Sotavento

EINFACH MAL ABTAUCHEN

Hier wirst du sowieso nass, da stört der Regen nicht: Das Team von *Blue Ocean Divers* in Lagos führt Menschen mit Tauchschein zu den schönsten Tauchspots und Wracks der Algarveküste – wer (noch) keinen Tauchschein hat, bucht einen Schuppertauchgang! (Foto)

➤ S. 74, Der Barlavento

BEST OF LOW-BUDGET

FÜR DEN KLEINEN GELDBEUTEL

SAMSTAG IM MUSEUM

Das *Stadtmuseum von Portimão*, das in einer ehemaligen Sardinenfabrik Einblicke in das Arbeitsleben des vergangenen Jahrhunderts bietet, kannst du sonntags gratis besuchen: im August von 15 bis 19 Uhr, im restlichen Jahr von 10 bis 14 Uhr.

S. 76, Der Barlavento

OBSTKAUF OHNE UMWEG

Unterstütz ruhig die Locals: Frisch vom Obstbaum oder aus dem Gemüsebeet verkaufen manche Leute ihre Produkte spottbillig am Straßenrand.

➤ S. 87, Der Barlavento

KIRCHLEIN MIT KACHELKUNST

Nicht in jedem Gotteshaus der Algarve wird Gratiszutritt gewährt, in diesem schon: in der *Ermida Nossa Senhora da Conceição* im historischen Zentrum von Loulé. Die Auskleidung mit Azulejos ist ein Traum.

➤ S. 121, Das Hinterland

HINAUF AUF DIE BURG

In Tavira thront das hübsch begärtnerte *Castelo* über den Dächern der Stadt. Du kannst – ganz ohne Eintritt zu zahlen – auf den Mauern herumklettern und die Aussicht genießen.

➤ S. 55, Der Sotavento

QUELLWASSER ZAPFEN

In der Serra de Monchique sprudeln wunderbare *Bergquellen,* an denen du Wasser in Flaschen und Kanister abzapfen kannst.

➤ S.116 , 120, Das Hinterland

LEUCHTFEUER AM RAND DER WELT

Der vielbesuchte Innenhof der Leuchtturm-Festung am *Cabo de São Vicente* kostet keinen Eintritt – und auch die kostenlosen Leuchtturmbesichtigungen am Mittwochnachmittag werden mit etwas Glück bald wieder angeboten. (Foto)

➤ S. 101, Die Westküste

BEST OF

MIT KINDERN

SPANNENDES FÜR GROSS & KLEIN

RUTSCHPARTIE

Im *Freizeitpark Slide & Splash* dreht sich alles ums Rutschen: Mal auf Matten oder Ringen, mal ohne (aber am Ende hoffentlich nicht ohne Bikinihose!), mal wild und mal sanft geht es durch Röhren und über nasse Buckelpisten – platsch, hinein ins Wasser. Ein Riesenspaß, nicht nur für Kids! (Foto)

➤ S. 81, Der Barlavento

EIN TAG IM ZOO

Wie wär's mit einem Besuch bei den Lemuren, die mit ihren langen Schwänzen und riesigen Augen so lustig aussehen? Im *Zoo de Lagos* leben exotische Tiere, Vögel und Affen, aber auch heimische Ziegen und Schafe. Im Streichelzoo dürfen die Kleinen auf Tuchfühlung gehen!

➤ S. 74, Der Barlavento

DEN SEESTERNEN AUF DER SPUR

Im interaktiven Wissenschaftsmuseum *Centro Ciência Viva do Algarve* erfährt die Familie, wie die Lagunenlandschaft der Ria Formosa entstanden ist und wer hier alles lebt – von Seesternen und Seegurken bis zu Einsiedlerkrebsen und Froschfischen.

➤ S. 43, Der Sotavento

ESEL BESTECHEN

Wer mit Eseln wandern will, braucht vor allem eines: Bestechungsmöhren! Oder Johannisbrot, das mögen die eigenwilligen Vierbeiner auch. Eine *Eselwanderung* an der schönen Costa Vicentina ist ein Highlight für kleine und große Zweibeiner.

➤ S. 104, Die Westküste

IN DEN SEILEN HÄNGEN

Der Karabiner ist eingeklickt, die Gurte sitzen – auf geht's, von einem Baum zum anderen! Im Hochseilgarten *Parque Aventura von Albufeira* gibt es Parcours für die ganz Jungen, für „Abenteurer" und für die „Angstlosen".

➤ S. 60, Der Sotavento

BEST OF

TYPISCH

DAS ERLEBST DU NUR HIER

STRÄNDE, STRÄNDE

Feinkörniger, weißgoldener Sand und sanfter Einstieg ins Wasser: In Portugal ziert viele Strände die Blaue Flagge, ein Zeichen für Sauberkeit. Aushängeschild: die *Praia da Falésia* bei Albufeira.

➤ S. 87, Der Barlavento

WIE HINGEMALT

Bunt, bunter, Fischerboote. Farbenprächtig sind sogar die großen Kutter, die man in jedem Fischerhafen sieht. Besonders der *Hafen von Sagres* (Foto) posiert wie fürs Fotoalbum.

➤ S. 98, Die Westküste

KLEINE KACHEL-KUNSTWERKE

Die Azulejos, die farbigen Kacheln, gelten als Portugals schönste Kunst. Name und Herkunft sind maurisch: *Az-Zulayi* heißt „kleiner Stein". Sie schmücken Höfe und Hospitäler, Kapellen und Kirchen wie die *Igreja de São Lourenço* bei Almancil.

➤ S. 48, Der Sotavento

FEUERWASSER AUS DEN BERGEN

Schon mal Erdbeeren an Bäumen gesehen? Die Früchte des Erdbeerbaums werden nicht gegessen, sondern zu *medronho* verarbeitet. Probier ihn mal, z. B. in der Bergwelt um Monchique: Sauber destilliert schmeckt der starke Schnaps fantastisch.

➤ S. 119, Das Hinterland

BRETTER, DIE DIE WELT BEDEUTEN

Weil kapitale Wellen kapitalen Fun bringen, zieht es das ganze Jahr über Surfer an die Atlantikküste, auch Wind- und Kitesurfer lieben die Spots. Besonders wild: die *Praia da Bordeira.*

➤ S.106, Die Westküste

BEACH PARTY

Im Sommer geht die Post ab in den Küstenorten der Algarve. Besonders ausschweifend wird an der *Praia da Rocha* in Portimão gefeiert.

➤ S. 77, 80, Der Barlavento

SO TICKT DIE ALGARVE

Frühjahr in der Algarve heißt: Störche! Auch auf dem Stadttor von Faro

ENTDECKE DIE ALGARVE

Blühende Algarve: Jacaranda-Bäume zu Füßen der Kathedrale und Burg von Silves

Viele, viele Sonnenstunden, sauberes Meerwasser, Traumstrände, Felsbuchten, Düneninseln … Diese Liste enthält so ziemlich alles, was du dir wünschst, wenn du an Urlaub denkst – und das nur drei Flugstunden von Deutschland entfernt. Doch von wegen zwei Wochen am Strand liegen! Die Algarve hat noch einiges mehr zu bieten als Meer!

SOMMER: SONNE PUR!

Im Sommer ist hier ordentlich was los! An den lauen Abenden füllen sich die Altstädte mit Leben, Musik klingt aus den Bars, und selbst in den Dörfern des Hinterlands geht die Post ab, wenn gerade mal wieder irgendein Dorffest gefeiert wird. Wenn du Action magst, findest du an den Stränden unzählige Angebote, vom Surfen bis zum Kajakfahren. Zum Wandern mag es etwas heiß sein, doch in

ab 1100 v. Chr. Phönizier gründen die ersten Hafensiedlungen

218 v. Chr.–ca. 400 n. Chr. Die Römer herrschen auf der Iberischen Halbinsel

711–1249 Maurische Herrschaftszeit

Ab 1419 Unter Gouverneur Heinrich dem Seefahrer beginnt das Entdeckungszeitalter

1450 Die Algarve wird in das Königreich Portugal eingegliedert

1580–1640 Portugal wird von Spanien fremdregiert

den Bergen oder an der Westküste sorgt nicht selten eine gute Brise für Abkühlung. Noch ein Plus im Sommer: Die Freizeitparks sind täglich geöffnet, und du kannst dich auf den Wasserrutschen wieder wie ein Kind fühlen. Überhaupt, zwischen Mai und Oktober stehst du selten vor verschlossenen Türen (sofern nicht gerade eine Pandemie wütet), die Lokale stellen sich auf den Ansturm ein. Ja, es kann voll werden … Die Portugiesen lieben ihre Südküste nämlich auch, und im August verbringt wohl halb Portugal einige Tage an der Algarve.

WINTERLICHE RUHE

Wer nicht nur wegen der Sonne kommt und außerhalb der Schulferien verreist, erlebt eine ganz andere Algarve. Es wird schnell ruhiger im Herbst, im Winter ist es manchen sogar zu ruhig, zumal dann viele Lokale im Winterschlaf sind und die Strände als tagesfüllendes Programm ausfallen. Dann ist die Zeit der Golfer, denen jedes Wetter recht ist, aber auch die der Wanderer, Radfahrer und Ruhesuchenden. Im Winter gibt es Wochen mit wunderbaren 20 Grad, aber auch ungemütliche Regentage.

ES GRÜNT UND BLÜHT

Doch irgendwann muss es auch mal regnen, sonst gäbe es im Frühjahr nicht so viele bunt blühende Wiesen! Apropos Blüten: Da findest du im Winterhalbjahr so manche Überraschung – von der schneeweißen Mandelblüte über gelb leuchtende Akazienhaine bis hin zur violett getupften Zistrose. Die sonst so karge Macchia entlang der Küsten bringt plötzlich kräftig grüne Farben hervor, ganz

- **1755** Schweres Erdbeben zerstört viele Städte
- **1910** Ende der Monarchie, Ausrufung der Republik
- **1932–1974** Salazar-Diktatur bis zur Nelkenrevolution
- **1986** EG-Beitritt
- **2002** Euroeinführung
- **2012–2014** Wirtschaftskrise: Portugal unter EU-Rettungsschirm
- **2022/23** Nach der Corona-Pandemie boomt der Tourismus wieder

INSIDER-TIPP
Flamingofamilien im Feuchtgebiet

zu schweigen von den im Sommer ziemlich trostlosen Hügeln im Hinterland. Im Winter kannst du zudem prima Vögel beobachten, schließlich kommen so manche Zugvögel zum Überwintern hierher. Im Frühjahr klappert's dann von den Dächern, und es ist schwierig, einen Strommast ohne Storchennest zu finden.

ÜBERRASCHENDE VIELFALT

Eagl, wann du die Algarve besuchst – plane unbedingt Abstecher in die verschiedenen Regionen ein! Am besten mietest du ein Auto, um die Gegend zu erkunden: Von den pulsierenden Küstenstädten sind es oft nur wenige Kilometer bis in die verlassenen Hinterlanddörfer der Bergregionen, von den beschaulichen Badebuchten der Felsalgarve bist du in weniger als einer Stunde an der rauen, wilden Westküste, und von den hübschen Städten der Ostalgarve erreichst du nach kurzer Bootsfahrt durch die Lagunenlandschaft der Ria Formosa die endlosen Sandstrände der Barriereinseln.

ALLES EITEL SONNENSCHEIN?

Natürlich ist auch an der Algarve nicht alles Gold, was glänzt. Die einsamen Bergdörfer mögen pittoresk wirken, doch die Landflucht ist ein echtes Problem, zurück bleiben nur die Alten. Die Fischerei ist nicht mehr das, was sie einmal war, Waldbrände haben ihre Spuren hinterlassen, die Krisen der vergangenen Jahre (Finanzkrise, Coronakrise …) sowieso. Und der Tourismus? Ja, der boomt (wieder), aber er ist halt doch ein Saisongeschäft. Es wurden viele Fehler gemacht, so manche Bauruine oder allzu massiv zugebaute Küste erinnert daran. Und ob die Ölbohrungen vor der Küste eine gute Idee sind, ist zu bezweifeln. Die Algarvios jedenfalls legen bei all den Veränderungen in ihrer Heimat eine unverwüstliche mediterrane Gelassenheit an den Tag und versuchen einfach das Beste aus der Situation zu machen.

TIEF IM SÜDEN – ODER TIEF IM WESTEN?

Aber was genau ist denn jetzt eigentlich die Heimat der Algarvios? Es ist der absolute Süden Portugals, der sich wie ein lang gezogenes Rechteck von Spanien bis zur atlantischen Westküste erstreckt. Die Natur hat den Südküstenstreifen in zwei Hälften geteilt: in den westlichen, den Barlavento, geprägt von einer dramatisch-felsigen Küste, und den östlichen, den Sotavento, in dem endlos lange Strände das Bild bestimmen. Nach Norden hin schließt sich eine mal fruchtbare, mal karge Berg- und Hügellandschaft an, bis zur Nachbarprovinz Alentejo. Offiziell heißt die Algarve übrigens inzwischen ganz langweilig *Distrito de Faro*. Dabei haben sich die Mauren, die vom 8. bis ins 13. Jh. hier herrschten, einst so einen schönen Namen ausgedacht: *Al-Gharb* – der Westen – denn das hier war der westlichste Teil ihres Kalifats. Sie gaben sich den christlichen Rückeroberern sicherlich nur ungern geschlagen – wer will hier schon wieder weg?!

AUF EINEN BLICK

467.480
Einwohner

Duisburg: 498.590

200 km
Küstenlänge (ca.)

Deutsche Nordseeküste ohne Inseln: 200 km (ca.)

4.997 km²
Fläche

Saarland: 2.569 km²

HÖCHSTER GIPFEL: FÓIA
902 M

WÄRMSTER UND BELIEBTESTER MONAT
AUGUST
28 °C

SONNENSTUNDEN IM JAHR
3.000
FREIBURG IM BREISGAU: 1.700

GEGEND MIT DEN TEUERSTEN HOTELS

Quinta do Lago (ca. 640 Euro für ein Doppelzimmer im August im Hotel Conrad Algarve)

GOLFEN

36 Golfplätze
Schleswig-Holstein: 63

BRITISCHSTE PARTYMEILE
„The Strip" (Albufeira: Av. Dr. Francisco Sá Carneiro)

BENÖTIGTE ERDBEERBAUMFRÜCHTE ZUM BRENNEN VON 1 L MEDRONHO: 8 KILO

DIE ALGARVE VERSTEHEN

DER BERG RUFT

Jahrelang rief wohl eher die Küste, denn die Algarvios aus den Dörfern des Hinterlands strömten in den letzten Jahrzehnten scharenweise in die schnell wachsenden Küstenstädte mit ihren vielversprechenden Jobmöglichkeiten im boomenden Tourismussektor. Zugegeben, das Leben an der Küste schien verlockender als die heimische Landwirtschaft, und so blieben nur die Alten zurück – manche Gegenden sind inzwischen regelrecht ausgestorben. Die wenigen Versuche, Touristen in diese abgelegenen Hinterlandregionen zu locken, wie beispielsweise mit dem Fernwanderweg Via Algarviana, reichen nicht aus, um die Dörfer zu retten. Dabei liegen sie in fantastischen Hügellandschaften, mal karg, mal mit Korkeichen bewaldet, tolle Wanderwege ziehen sich durch die Gebirge. Mach dich auf den Weg in die Serra do Caldeirão oder die Serra de Monchique, kehr nach einer Wanderung in einer der noch übrigen urigen Dorfschenken ein und trink einen Medronho mit den Alten – sie werden sich freuen!

INSIDER-TIPP
Schnapseln mit den Dorfbewohnern

KORKHYPE

In Portugal wirst du keine Weinflasche finden, die nicht mit einem echten Korken verschlossen ist, und jeder Souvenirshop hängt voller Korkprodukte in allen Formen und Farben. Was steckt nur hinter diesem Hype? In der Serra de Monchique kannst du dem tollen Naturprodukt, das sogar wasserdicht und feuerresistent ist, auf die Spur kommen. Die teilweise uralten, wunderschönen Bäume stoßen permanent ihre abgestorbenen Zellen ab, alle neun Jahre kann wieder eine Schicht geerntet werden. Um den Überblick zu behalten, wann es so weit ist, schreibt man die letzte Ziffer des Erntejahrs auf den Stamm. Tja, man braucht Geduld, wenn man mit Korkeichen Geld verdienen möchte. Nichtsdestotrotz ist Portugal der weltgrößte Produzent. Die meisten Fabriken gibt es inzwischen in der Nähe von Lissabon, doch auch in São Brás de Alportel kannst du dir die Verarbeitungsprozesse bei einer Fabrikbesichtigung zeigen lassen.

GLÄNZENDE WÄNDE

In Portugal hatten die Fliesenleger des 18. und 19. Jh. ganz schön was zu tun: Kaum eine Kirche, in der nicht hübsche Azulejos die Wände verzieren. Die prächtigsten Beispiele dieser Dekorationskunst siehst du in der Igreja de São Lourenço bei Almancil und in der Igreja de Santo António in Lagos. Das Handwerk ist jedoch viel älter, es wurde einst von den Mauren eingeführt: *Al-zulij* bedeutet „kleiner Stein". Die Fliesen sind weit mehr als einfach nur hübsche Dekoration: Die häufig in Blau-Weiß, manchmal auch ganz farbenfroh bemalten Azulejos eignen sich hervorragend als Hitze- und Witterungsschutz an den Mauern.

São Brás: Korkeichenrinde wartet auf ihre Verarbeitung zum Weinflaschenverschluss

KLEINE FISCHE

In fast jedem Lokal steht frischer Fisch ganz oben auf der Speisekarte. Klar, schließlich bist du ja an der Küste. Aber wurde wirklich alles hier vor Ort gefangen? Der Fischbestand geht schließlich weltweit rapide zurück. Tja, leider auch hier: Die Doraden und Wolfsbarsche kommen vermutlich aus Zuchtanlagen, der *bacalhau* (Stockfisch) wird eh aus Norwegen importiert, und von den großen Zeiten des Thunfischfangs zeugen nur noch ehemalige (inzwischen touristisch genutzte) Fabriken wie in Quatro Águas oder der Praia do Barril bei Tavira. Auch von den vielen Konservenfabriken sind nur zwei übrig. Doch geh mal in die Fischerhäfen von Olhão, Portimão, Quarteira, Alvor oder Sagres, da kannst du sehen, dass es ihn noch immer gibt, den frischen Fisch – und Männer, die hart dafür arbeiten, ihn zu fangen. Vor allem im Sommer, wenn die Zeit der beliebten Sardinen ist. Dort in den Häfen, aber auch in den Fischmarkthallen bekommst du ein lebhaftes Bild von dem Wirtschaftszweig, der bis ins letzte Jahrhundert der wichtigste der Region war. Übrigens: Dass die Fischerboote so herrlich bunt sind, dient in erster Linie der Sicherheit – es macht sie bei Nebel besser sichtbar.

LEBENDIGE LAGUNE

Einen ersten Eindruck von der riesigen Ria Formosa mit ihren Wattgebieten, Kanälen, Sandbänken, Dünenstreifen und Salzwiesen hast du vermutlich schon beim Landeanflug zum Flughafen Faro bekommen – die

Einflugschneise führt nämlich über den 170 km² großen Naturpark. Die vielen Vögel im Schutzgebiet scheinen sich mit den großen Metallvögeln arrangiert zu haben, sie zeigen sich nicht besonders beeindruckt. Du hingegen darfst durchaus staunen: Die Ria Formosa ist ein etwa 60 km langes

auch über einen Damm. Es lohnt sich absolut, eine geführte Bootstour durch die Ria zu machen, du wirst unterwegs eine Menge besonderer Tiere, vor allem gefiederte, und Pflanzen zu sehen bekommen. Im Naturparkzentrum *Quinta de Marim* bei Olhão kannst du dich bestens über die Ent-

Kirchturm? Minarett? Nein: ein typischer Algarve-Kamin!

Lagunengebiet, eines der schönsten und größten Europas. Die Hafflandschaft, die sich mit jeder Tide von einer großen Wasserfläche in ein verästeltes Netz aus Rinnsalen, Kanälen und Marschen verwandelt, wird zum Meer hin von mächtigen Sandbänken begrenzt. Manche dieser Düneninseln mit den endlos erscheinenden Traumstränden sind bewohnt, oft von Muschelsammlern und Fischern, auf manche kommst du nur per Boot, auf andere

stehung und die vielen Lebewesen der Ria informieren – ein schön angelegter Lehrpfad führt durchs Gelände.

DACHDEKO

Kein Wunder, dass die verschnörkelten Kamine, die du auf allen Dächern siehst, als schönste Wahrzeichen der Algarve gelten. Mal sind sie eckig, mal rund – und dabei ist es egal, ob sie einen Neubau oder ein altes Haus zieren. Historiker erkennen in ihnen getarnte Minarette aus der Zeit, als die Region den Mauren entrissen und die christliche Religion mit Macht durchgesetzt wurde.

MANUELS SCHNÖRKEL

Wer schon mal in Portugal war, hat bestimmt von Manuel I. gehört. Der hatte das Glück, König zu sein, als Vasco da Gama und andere Seefahrer Ende des 15. Jhs. das winzige Portugal zu einem riesigen Weltreich machten. Was tun mit all dem Wohlstand, der allein durch den Gewürzhandel ins Land schwappte? Manuel baute. Er ließ überall prächtige Klöster, Kirchen, Türme und Paläste errichten und schmückte sie mit filigranen maritimen Ornamenten aus. Zack, die Manuelinik war geboren, eine Dekotechnik der Spätgotik – auch an der Algarve. Allerdings wurde hier sehr vieles beim großen Erdbeben 1755 zerstört. Doch an manchen Kirchen, z. B. in Alvor oder Monchique, kannst du noch steinerne Zeugnisse aus dem Goldenen Zeitalter bewundern: exotische Pflanzen, Korallen und Schiffstaue. Das gibt's wirklich nur in Portugal.

MAUREN-RESTE

Zitrus-, Johannisbrot- und Mandelbäume, Bewässerungssysteme, profitable Fischfangmethoden, reger Handel mit anderen Völkern, religiöse Toleranz und ganz viel Kultur – die Mauren haben während ihrer Herrschaft, die 711 begann und an der Algarve bis Mitte des 13. Jhs. dauerte, so einiges eingeführt. Geblieben ist außer zahlreichen Ortsnamen – alle, die mit „Al" und „Gua" beginnen –, ein

KLISCHEE KISTE

WUNDERBAR WARME BADEWANNE

Ab in den Süden! Und nichts wie rein ins wohlig warme Wasser … Uuups, wieso ist denn das Wasser so eisig? Tja, der Atlantik ist eben nicht das Mittelmeer, selbst im August knackt die Wassertemperatur nur mit Glück die 20-Grad-Marke. Kleiner Vergleich: In Kroatien hat's im Hochsommer manchmal karibische 27 °C, und sogar die Ostsee kann im August schon mal wärmer sein als der algarvische Atlantik. Nimm's gelassen, so sorgt das Meer zumindest für Abkühlung!

BEI DEN FISCHKÖPPEN?

Sardinen im Sommer, frische Muscheln in allen Monaten, die ein R im Namen haben, Brassen, Barsche, Tinten- und Thunfische das ganze Jahr über – an der Algarve wird gegessen, was das Meer beschert. Noch immer leben so manche Algarvios vom Fischfang oder Muschelsammeln und aus den Mündern der Einheimischen wirst du in den seltensten Fällen ein „Ich mag keinen Fisch" hören. Keine Speisekarte ohne frischen Fisch, keine Familienfeier ohne Meeresfrüchte – ja, wirklich: Du bist im Land der Fischköppe! Tipp: Wer im Restaurant eine *cataplana* bestellt, kann verschiedene Fische und Meeresfrüchte auf einmal testen!

paar oft allzu perfekt restaurierten Burgmauern – wie in Silves – und einigen archäologischen Funden nicht wirklich viel. Eine Alhambra wie in Granada suchst du vergebens: Zu Zeiten der *Reconquista*, der Rückeroberung, war noch tiefes Mittelalter, die christlichen Ritter hatten wenig Erbarmen mit den baulichen Hinterlassenschaften der muslimischen Almohaden-Dynastie, und so wurden beispielsweise alle Moscheen mit Kirchen überbaut. Den Rest zerstörte in vielen Fällen das Erdbeben von 1755. Die meisten maurischen Spuren gibt's noch in Mértola, einem hübschen Städtchen im Alentejo.

LAUTE UND LEISE TÖNE

In den Ausgehvierteln wirst du im Sommer von rockigen Livebands in die Pubs gelockt, und so manches Café begeistert mit Jazz- und Blueskonzerten seine Besucher, übrigens gerne auch am Sonntagnachmittag, wie z. B. das *Café Inglês* (s. S. 113) in Silves. Inzwischen veranstalten mehrere Orte in ihren Altstädten tolle Musikfestivals, besonders schön ist das *Worldmusic Festival MED* alljährlich Ende Juni in Loulé oder das *Festival F* Anfang September in Faro.

Und dann gibt es natürlich noch den Fado, den portugiesischen Sehnsuchtsgesang, der im 19. Jh. in den Armenvierteln von Lissabon entstand, der traditionell nur von der bauchigen *Guitarra Portuguesa* und einer normalen Gitarre begleitet wird und der inzwischen sogar zum immateriellen Welterbe der Unesco zählt. Er ist eigentlich nicht typisch für die Algarve, wird mittlerweile aber vielerorts gespielt, wie z. B. täglich bei der Kulturvereinigung *Fado com História* in Tavira.

SALZIGE BERGE

An manchen Stellen der Ria Formosa und bei Castro Marim kannst du sie sehen: schneeweiße Berge. Hier lagert wahres Gold, das du später auf dem Markt als Algarve-Andenken kaufen kannst! Aber wie „erntet" man Salz? Im Sommer werden in den Salzgärten große Becken mit Meerwasser geflutet, in denen nun die Salzkonzentration durch Verdunstung allmählich steigt. Nach dem Umleiten in kleinere Erntebecken beginnt die Kristallisation, und das entstandene Salz – zunächst die wertvolle Salzblüte *(flor de sal)*, die sich täglich auf der Oberfläche der Sole bildet und besonders fein ist, und knapp zwei Wochen später das restliche Meersalz – kann von Hand mit einem Holzrechen geerntet werden. Eine uralte Tradition, die schon die Römer vor 2000 Jahren nutzten, um ihren Fisch zur Konservierung einsalzen zu können.

KRISENGESCHÜTTELT

Massive Steuererhöhungen, Gelder aus dem Rettungsfond der EU, soziale Einschnitte, Corona, Inflation – Portugal hat in jüngerer Vergangenheit schwere Krisen durchgemacht, deren Folgen noch immer nachwirken. Der Lebensstandard hat sich irgendwo in den unteren Bereichen der Skala eingependelt und verlangt nach Genügsamkeit. An der Algarve haben sich manche Neubauten mangels Käufern übergangslos in Bauruinen verwandelt, von wirklich festen Jobs und den europäischen Verhältnissen angepassten Gehältern kann man hier nur träumen. Nach der Krise sind die Immobilienpreise explodiert, und junge Familien finden keinen Wohnraum mehr. Viele Menschen sind gezwungenermaßen Lebens- und Überlebenskünstler, doch das mussten die Portugiesen im Lauf ihrer Geschichte immer wieder sein …

WEINPROBE!

Leicht hat es der Wein der Algarve nicht. Er steht im Schatten der großen portugiesischen Weinregionen wie Douro, Dão oder Alentejo. Doch allmählich machen sich immer mehr Weingüter einen Namen, einige haben sogar schon Preise gewonnen. Wenn du eine dieser mit großer Leidenschaft geführten *Quintas* (Landgüter) besuchst und die guten Tropfen probierst, verstehst du schnell warum. Weich und fruchtig kommen die zitrusfarbenen Weißen daher, in den Roséweinen schwingt Himbeeraroma mit, die Roten sind charakter- und körperreich. Das sonnige Meeresklima und die Böden, vor allem um Lagoa, sind sehr gut, doch der Anbau erfordert Arbeit, sehr viel Arbeit. In der Vergangenheit wurde der Wein fast nur in Kooperativen produziert, die Qualität war – sogar im portugiesischen Vergleich – nicht allzu berauschend. Doch jetzt engagieren sich immer mehr kleine, hoch motivierte Produzenten für die Trauben, und siehe da: Es entstehen hervorragende Weine!

Wie bei den alten Römern: Salzgewinnung bei Castro Marim

ESSEN SHOPPEN SPORT

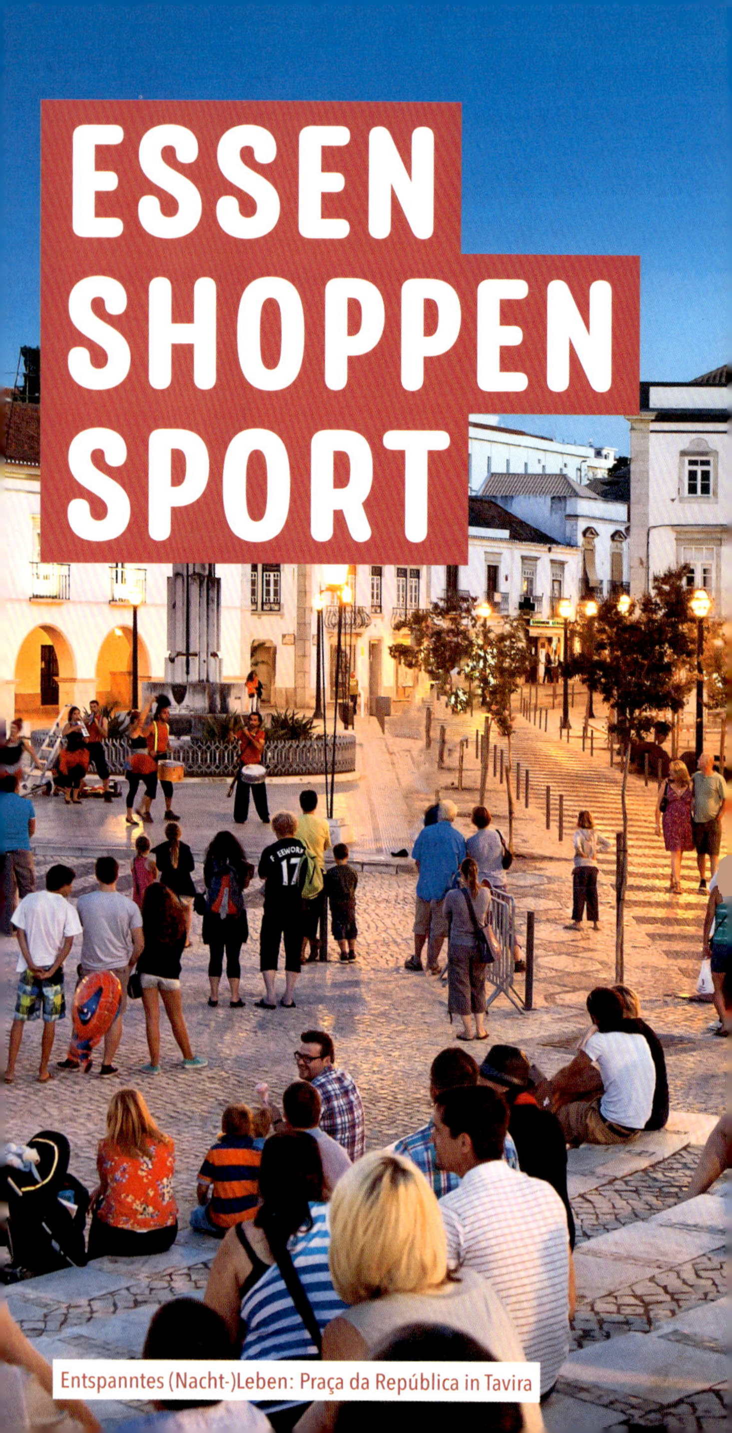

Entspanntes (Nacht-)Leben: Praça da República in Tavira

ESSEN & TRINKEN

Ob gegrillt, gebraten, gekocht oder am Spieß: Fisch und Meeresfrüchte stehen in dieser Küstenregion an erster Stelle.

FREUDE AM ESSEN

Eine Mahlzeit ist in Portugal alles andere als Mittel zum Zweck. Das Essen wird zelebriert, es führt Freunde und Familien für mehrere Stunden an einen Tisch. Mit tropfenden Dönern über die Straße hetzen? Mittags einen mitgebrachten Salat verschlingen, womöglich noch vor dem Arbeitscomputer? Mit diesen neumodischen Erscheinungen kann man in der Algarve wenig anfangen. Das erkennst du auch daran, dass sich Coffee-to-go-Ketten erstaunlich wenig durchsetzen und es kaum Backwarenläden gibt, in denen man sich was Schnelles auf die Hand kaufen kann. Nein, zum Essen nimmt man sich hier Zeit, und das ist auch gut so.

INTERNATIONAL UND REGIONAL

Es gibt eine ganze Reihe von Lokalen, die französische, italienische, indische oder chinesische Küche bieten, und manchmal freut man sich ja auch wirklich über eine ordentliche Pizza. Aber die meisten Restaurants servieren regionale Gerichte, allen voran Fisch, Meeresfrüchte und Fleisch – wie es eben in Portugal üblich ist. Nicht jedes Lokal kann sich auf Dauer über Wasser halten, das Saisongeschäft und die erschreckend hohe Mehrwertsteuer von bis zu 23 Prozent brechen vielen Wirten das Genick – wundere dich also nicht, wenn ein genannter Tipp in der Zwischenzeit wieder geschlossen oder einen neuen Besitzer hat.

FÜR SPARFÜCHSE

Generell kann man in Portugal erstaunlich günstig essen gehen. Natürlich nicht in den Gourmettempeln oder den Restaurants der Fünf-Ster-

Gehört unbedingt dazu: Cataplana essen (li.); und zum Schluss: einen Medronho! (re.)

ne-Hotels, aber in den einfachen Tascas durchaus. Viele bieten ein Tagesmenü an, hier bekommst du für 10 bis 15 Euro Vorspeise, Hauptgericht und Dessert, oft sind sogar noch ein Getränk und der Espresso inbegriffen. Wenn du das Tagesgericht *(prato do dia)* bestellst, musst du zudem in der Regel nicht lange auf dein Essen warten. Für den nicht ganz so großen Hunger (Merke: Portugiesische Portionen sind meistens ziemlich riesig!) gibt es oft die Möglichkeit, die günstigere *„meia dose"* zu ordern, eine halbe Portion, die in Wirklichkeit aber 70 Prozent der normalen Portion ausmacht.

INSIDER-TIPP
Für den kleineren Hunger

NICHTS, WAS AUGEN HAT

Bis vor ein paar Jahren konnten die wenigsten Köche nachvollziehen, warum jemand freiwillig auf Fisch oder Fleisch verzichtet. Wer etwas Vegetarisches bestellte, bekam nicht selten einen Fisch angeboten. Inzwischen haben viele Küchenchefs den Trend erkannt und zwei, drei vegetarische Gerichte auf ihre Karten gesetzt. Über *HappyCow.net* findest du sogar einige rein vegetarische und vegane Restaurants.

FRISCH AUS DEM MEER

Doch der regionale Renner ist und bleibt der Fisch. In der Algarve bekommst du für 15 Euro Fischspezialitäten, für die du zu Hause ein Vielfaches bezahlen musst, gesetzt den Fall, es gibt sie dort überhaupt. Meistens wird Fisch einfach gegrillt und mit Salzkartoffeln und Zitrone serviert, fertig. Wag dich auch ruhig mal an die *Cataplana* ran, eines der typischsten Gerichte der Algarve: Das Kupfergefäß ähnelt einem Mini-Ufo, in seinem Innern dünsten außerirdisch köstliche Fischstückchen und Muscheln.

MUSCHELPARADIES

Das Lagunengebiet der Ria Formosa bringt fast die gesamte Muschelernte des Landes hervor, *amêijoas* oder *berbigões* (Herzmuscheln), *mexilhões* (Miesmuscheln), *lingueirões* (Scheidenmuscheln) und *ostras* (Austern) gedeihen hier prächtig. Die wie Hühnerfüße aussehenden *perceves* (Entenmuscheln), die hervorragend zu einem kühlen Bier schmecken, müssen aufwendig im Brandungsbereich der felsigen Westküste gesammelt werden – so erklärt sich ihr stolzer Preis. Generell werden Muscheln häufig als *entrada* (Vorspeise) serviert.

OHNE BROT NICHTS LOS

Bevor du etwas bestellst, wird dir bereits das *couvert* (Gedeck) angeboten: Brot, Butter, Oliven und manchmal ein lecker angemachter Möhrensalat. Lehne es ab, wenn du es nicht möchtest, dann musst du dafür auch nichts zahlen. Für Portugiesen ist eine Mahlzeit ohne Brot übrigens keine richtige Mahlzeit. Wieso viele Touristen den Brotkorb ablehnen, verstehen sie nicht: Man isst das Brot vorab mit Butter, Sardinenpaste und Oliven, tunkt es in den herzhaften Muschelfond oder in die Fischsuppe, und kann am Ende wunderbar den Teller damit putzen.

SÜSSE GELÜSTE

Auch bei den Nachspeisen kann man ins Schwärmen geraten. Ein *pudim flan* ist ja schon lecker, aber was da als *doce da casa* (Dessert nach Art des Hauses) lockt, sind verführerische Kompositionen aus Eischnee und Mandeln, Feigen, Johannisbrot, Zitrusfrüchten, Sahne und anderen süßen Zutaten.

SÁUDE!

Die meisten Restaurants bieten Hausweine *(vinho da casa)*, sie stammen in der Regel aus dem Alentejo und sind gut und preiswert. Gerade im Sommer schmeckt auch ein gut gekühlter *Vinho Verde* (grüner Wein) prima zu Fisch und Meeresfrüchten: Der junge, spritzige Weißwein aus dem Minho, ganz im Norden Portugals, ist leichter und alkoholärmer als die oft schweren Rotweine vom Dão oder Douro. Immer häufiger lassen sich auch ordentliche Algarveweine finden. Eine Sonderrolle spielt der Portwein, der ausschließlich im Dourotal wächst und entweder als Aperitif oder als Dessertwein getrunken wird.

ZU GUTER LETZT

Nach dem Essen braucht man nicht selten einen Verdauungsschnaps. An der Algarve eignet sich dafür am besten der *medronho*, der Schnaps vom Erdbeerbaum, oder einfach ein *bagaço* (Tresterschnaps). Danach darf der starke Kaffee *(bica)* nicht fehlen (allein schon, um den Alkoholdunst zu verschleiern), doch manche bestellen gleich eine *bica com cheirinho*, einen Kaffee mit *aguardente* („Feuerwasser"). Was fehlt noch? Die Rechnung: *A conta, se faz favor.* In Portugal ist es nicht üblich, sie kompliziert auseinanderzurechnen, entweder zahlt jeder mal reihum die Zeche, oder es wird solidarisch durch alle geteilt. Am Ende lässt man 5–10 Prozent Trinkgeld auf dem Tisch liegen.

Unsere Empfehlung heute

Vorspeisen

CENOURAS À ALGARVIA
Möhrensalat mit Knoblauch und frischem Koriander

SOPA DE PEIXE
Würzige Fischsuppe

SALADA DE POLVO
Oktopussalat mit Zwiebeln

Hauptgerichte

PEIXE DO DIA
Fangfrischer Fisch vom Grill: Pargo (Brasse), Espadarte (Schwertfisch) oder Robalo (Barsch)

SARDINHAS ASSADAS
Gegrillte Sardinen mit Salzkartoffeln und Salat (am besten im Sommer)

CALDEIRADA
Traditioneller Eintopf aus mehreren Sorten Fisch und Meeresfrüchten

FRANGO PIRI-PIRI
Gegrilltes Hähnchen, mariniert mit Chili-Öl

Desserts

DOM RODRIGO
Konfekt aus Mandeln, Zimt und Engelshaar (süße Eifäden)

TORTA DE ALFARROBA E MEL
Süße Rolle aus Johannisbrotmehl, Honig, Mandeln und Eiern

QUEIJO DE FIGO
Kein Käse, sondern ein süßes Feigenbrot mit Mandeln

Getränke

VINHO REGIONAL
Wein aus der Algarve

CERVEJA SAGRES
Bier (das nicht in Sagres, sondern nördlich von Lissabon gebraut wurde)

MEDRONHO
Schnaps aus den Früchten des Erdbeerbaums

CAFÉ/BICA
Kleiner starker Kaffee

SHOPPEN & STÖBERN

KORKIGES DESIGN

Aus der Rinde der Korkeichen werden nicht nur Flaschenkorken, Dichtungen und Fußböden hergestellt, sondern auch wundervolle Accessoires aus Korkleder: von Brillenetuis und Gürteln über Taschen und Rucksäcke bis hin zu Regenschirmen, Hüten und Sandalen. Das Tolle ist: Die Produkte sind wasserabweisend, feuerfest, dehnbar – für viele sogar inzwischen eine echte Alternative zum Leder. Und wenn du mit der Hand über das Material fährst, merkst du, wie samtig es sich anfühlt. Ja, Kork ist wohl das typischste, schönste und praktischste Produkt, das Portugal hervorbringt!

NICHT ZUM TOPFSCHLAGEN GEEIGNET!

Von wegen altbackenes Geschirr! In den Töpfereien entlang der N 125 bei Porches gibt's wirklich schöne, farbenfrohe handbemalte Teller, Tassen, Schüsseln und Vasen – du kannst dir sogar Keramiken mit deinem eigenen Design anfertigen lassen. Außerdem kannst du hier hübsche Azulejos erstehen und natürlich den beliebtesten Fisch des Landes: Deko-Sardinen in allen Formen und Farben.

UFO FÜR ZU HAUSE

Du planst eine Weltraumparty oder brauchst noch einen verschließbaren Nachttopf? Dann kauf dir in einem der Haushaltswarengeschäfte eine hübsche *Cataplana* – zur Not kannst du die Kupferpfanne natürlich auch zum Kochen verwenden.

BUNTE GOCKEL ÜBERALL

Die bunt bemalten Keramikhähne, die du überall siehst, gehören eigentlich nach Nordportugal: Dort wurde einst ein Santiago-Pilger des Diebstahls beschuldigt. Dem Richter, der gerade ein Hähnchen verspeiste, be-

Mitbringsel, die gut ankommen: Keramik (li.) und Kork (re.)

teuerte er seine Unschuld, und als Zeichen dafür sollte der Hahn auf seinem Teller krähen. Der gab tatsächlich einen Laut von sich – die Legende war geboren, und die Souvenirindustrie reibt sich heute die Hände.

GANZ SCHÖN SCHARF

Du magst es gern scharf? An der Algarve findest du *piri-piri* (Chili) in getrockneter, flüssiger und pulveriger Form – ideal zum feurigen Kochen!
Auch der hochprozentige Medronho-Schnaps, der vor allem in den Bergdörfern der Serra de Monchique gebrannt und verkauft wird, kann ziemlich scharf sein. Lieblicher schmeckt die *melosa*, ein mit Honig aufgesetzter Medronho.

SÜSSE SPEZIALITÄTEN

Süß und fruchtig sind die Feigenschnitten, die aus Feigen, Mandeln und Honig hergestellt werden. Auch zahlreiche regionaltypische Kekse eignen sich zum Heimtransport, sie werden ebenfalls bevorzugt aus Feigen, Mandeln und Honig, aber auch aus Johannisbrot *(alfarroba)* und Süßkartoffel *(batata doce)* gebacken. In fast allen Supermärkten findest du ein Regal mit diesen Köstlichkeiten.

DAS SALZ IN DER TÜTE

In hübsch verpackten Salztüten wird das hier gewonnene Meersalz und das besonders feine *flor de sal* der Algarve-Salinen angeboten, vermischt mit allen möglichen Gewürzen, von Piri-Piri über Thymian bis hin zu Zitronenschalen. Erstaunlich günstig (rund 2 Euro pro Päckchen) ist das Salz in der Markthalle von Loulé, dort kannst du für alle Daheimgebliebenen preiswerte und leichte, aber hochwertige Souvenirs einkaufen.

INSIDER-TIPP
Salzsouvenirs statt Staubfänger

SPORT

Vom Tauchen und Schnorcheln übers Surfen und Kajakfahren bis hin zum Segeln – an der Algarve sind die Wassersportverhältnisse ideal.

Doch auch an Land wird es nicht langweilig: Zum einen ist der Süden Portugals weltberühmt für seine Golfplätze, zum anderen bietet er wunderbare Landschaften zum Wandern, Biken oder Reiten.

KAJAKTOUREN

Entlang der zerfurchten Felsküste und durch die goldenen Grotten an der Ponta da Piedade von Lagos zu paddeln gehört zu den tollsten Wassersporterlebnissen der Algarve – zumindest bei ruhiger See. Eine geführte Kajaktour dauert ca. 3 Stunden und kann z. B. bei *Outdoor Tours (Lagos | kayak-lagos.pt)* für 35 Euro gebucht werden.

Auch die Kanäle und Lagunensysteme im Nationalpark Ria Formosa eignen sich bestens zum Kajakfahren, hier kannst du auf der 2-stündigen Tour von *Formosamar (Preis: 50 Euro | Marina Faro | formosamar.com)* zahlreiche Wasservögel beobachten.

KLETTERN

Die Algarve ist kein Kletterparadies wie so manche Ecken in Südspanien, doch wer auch im Urlaub die Wände hochgehen möchte: An den Seitenhängen des Tafelbergs Rocha da Pena bei Salir gibt es Klettermöglichkeiten, ebenso an den Felsküsten von Sagres und am Cabo de São Vicente. Die Kletterszene ist (noch) klein, die Atmosphäre entsprechend familiär.

Geführte Klettertouren ebenso wie Anfänger- und Fortgeschrittenenkurse inklusive Materialverleih bietet das Unternehmen *Algarve Adventure (Sitz: Surfschool Algarve Adventure | Praia*

Cooler Perspektivwechsel: Kanufahren durch die Felsen der Ponta da Piedade

de Monte Clérigo bei Aljezur | Mobiltel. 913533363 | algarve-adventure.com) ab 60 Euro an.

LAUFSPORT

Halbmarathon im Urlaub? Fast jede Ortschaft organisiert inzwischen einen, und immer öfter werden auch Trail-Running-Events über Stock und Stein veranstaltet. Die aktuellen Veranstaltungen findest du auf der Website der *Associação do Atletismo do Algarve (crono.aaalgarve.org)*.

RADFAHREN

Auch wenn die Markierungen der 214 km langen West-Ost-Radroute *Ecovia* schon etwas verblichen sind: Theoretisch kannst du vom *Cabo de São Vicente* bis zur spanischen Grenze radeln – immer so nah wie möglich an der Küste entlang. Allerdings geht es hier manchmal über vielbefahrene Autostraßen. Der neue Fernwanderweg *Rota Vicentina (de.rotavicentina.com)* ist auf seiner historischen Route hervorragend für Radfahrer geeignet. Sehr sportlich geht es zu auf den Bergetappen der *Via Algarviana (viaalgarviana.org)*, hier brauchst du auf jeden Fall ein Mountainbike. Geführte, auf Wunsch deutschsprachige Mountainbike-Touren, z. B. vom Gipfel des Fóia hinunter Richtung Küste, bietet *Outdoor Tours (outdoor-tours.com)*. Wenn du auf eigene Faust radeln möchtest, kannst du z. B. bei *Megasport (megasportravel.com)* in Loulé oder bei *Abilio Bikes (abiliobikes.com)* in Tavira Räder mieten.

REITEN

An der Algarve sind Lusitanerpferde zu Hause. Trotz ihres Araberbluts haben die Tiere ein leicht kontrollierbares Temperament, außerdem gelten sie als sehr sitzbequem – ideal für Reiter mit Rückenproblemen! Fast jede

Wanderlust am Barranco do Velho

Reitschule *(centro hípico)* hat diese Pferde.

Vom Reiterhof *Quinta da Saudade (Ausritt: 40 Euro für 1½ Stunden | Mobiltel. 968 05 40 13 | cavalosquintada saudade.com)* bei Guia kannst du wundervolle begleitete Ausritte an die Lagoa dos Salgados, durch die Dünen und an die Praia Grande bei Armação de Pêra unternehmen. Die zahmen Pferde und Ponys eignen sich auch gut für Anfänger. Die *Horseshoe-Ranch (Tel. 282 47 13 04 | horseshoe ranch.de)* bei Mexilhoeira Grande bietet Reiterferien für Anfänger und Fortgeschrittene (715 bzw. 790 Euro/Woche), inklusive Unterkunft in 4 Apartments und mit Vollpension.

SEGELN

Im südwestlichsten Revier Kontinentaleuropas sind die Windverhältnisse ausgezeichnet. Eine einstündige Schnupperstunde auf dem Katamaran bietet das erfahrene Team um Rainer Klemm für 75 Euro an: Die *Sailcompany (Mobiltel. 910 39 37 00 | sailcom pany.com)* an der Meia Praia von Lagos gehört zum Verband Deutscher Windsurfing und Wassersportschulen (VDWS), sodass du hier auch international gültige Segelscheine erwerben kannst. Ein zehnstündiger Anfängerkurs (max. 5 Tage) kostet 590 Euro.

SUP & SURFEN

Zum Wellenreiten eignet sich bestens die Westküste, besonders die *Praia do Amado*, die *Praia da Arrifana* und die Gegend rund um Sagres. Wind- und Kitesurfer lieben die *Meia Praia* bei Lagos, die Strände bei Portimão und die Ilha de Faro. Voll im Trend ist das Stand-up-Paddeln, überall entlang der Südküste sieht man im Sommer SUP-Surfer. Generell gilt: Der

Atlantik hat seine Tücken – wer noch ungeübt ist, sollte lieber einen Kurs belegen, z. B. bei *Algarve Watersports (algarvewatersports.com)* in Lagos.

TAUCHEN

Die Artenvielfalt im Atlantik ist enorm – vor allem bei Sagres –, die Sichtverhältnisse sind mal gut, mal nicht so gut, je nach Strömungen. Gegen das doch recht frische Wasser helfen dicke Neoprenanzüge. Als erfahrene, deutschsprachige Tauchbasis empfiehlt sich das Team von Elmar und seinen *Blue Ocean Divers (blue-ocean-divers.eu)*. Von Lagos aus geht es entweder direkt vom Land aus zu tollen Tauchspots, oder du fährst raus zu den spektakulären Felsen von Sagres oder (falls du schon viel Erfahrung hast) zu den Wracks im *Ocean Revival Park* vor Portimão. Als Unterwasserneuling kannst du auch zunächst einen Schnuppertauchgang buchen – und wenn das Atmen unter Wasser dein Ding ist, mehrtägige Ausbildungen absolvieren, um einen Tauchschein zu erhalten. Da tun sich völlig neue Welten auf!

WANDERN

Die Vielfalt schöner Wanderwege ist überraschend groß: Du hast die Wahl zwischen schmalen Pfaden entlang der Klippen der Felsalgarve oder der *Costa Vicentina* – hier vor allem über die markierten Wege des Fernwanderwegs *Rota Vicentina (de.rotavicentina.com)* –, durch die Lagunenlandschaften der Ria Formosa oder der Ria de Alvor oder bergauf, bergab durchs hügelige Hinterland. Dort findest du mit der Fernwanderroute *Via Algarviana (viaalgarviana.org)* 300 einzigartige Wanderkilometer, aber auch so manchen kleineren Rundweg. Für alle Touren gilt: Im Sommer wird es sehr heiß, im Frühling blühen am Wegesrand zahlreiche Wildpflanzen. Tolle geführte Touren im Westen bietet beispielsweise die exzellente Wanderführerin Ana Carla Cabrita *(Mobiltel. 925545515 | walkingsagres.com)* an. Als langjährige Naturführerin kennt sie wirklich jeden Meter der rauen Westküste wie ihre Westentasche und kann nicht nur alle Blumen und Steine bestimmen, sondern weiß auch spannende Schmuggler- und Fischergeschichten zu erzählen.

INSIDER-TIPP
Mit Ana Carla über Stock und Stein

Mit dem Surfbrett in den Sonnenuntergang …

DIE REGIONEN IM ÜBERBLICK

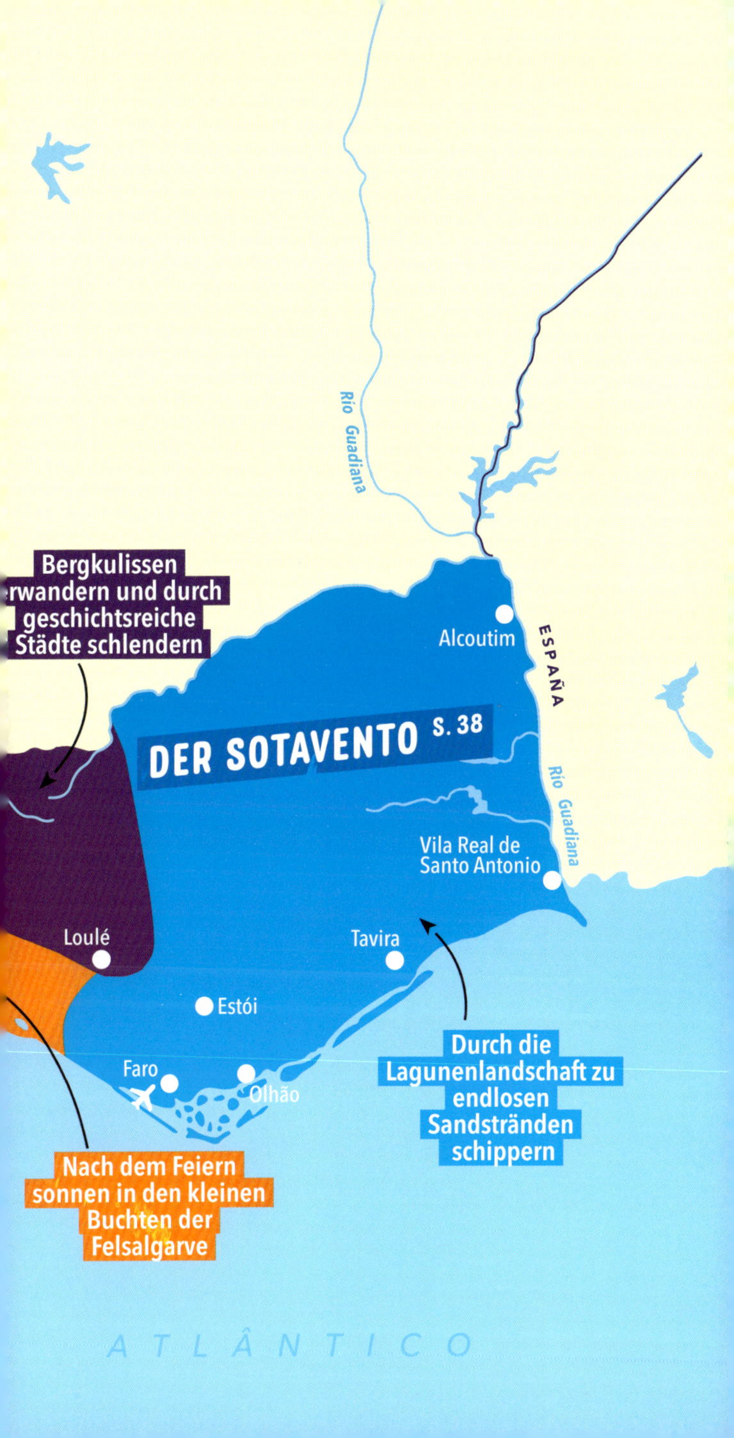

Río Guadiana
Bergkulissen
erwandern und durch
geschichtsreiche
Städte schlendern
Alcoutim
ESPAÑA
DER SOTAVENTO S. 38
Río Guadiana
Vila Real de
Santo Antonio
Loulé
Tavira
Estói
Faro
Olhão
Durch die
Lagunenlandschaft zu
endlosen
Sandstränden
schippern
Nach dem Feiern
sonnen in den kleinen
Buchten der
Felsalgarve
ATLÂNTICO

DER SOTAVENTO

SPANNENDE STÄDTE UND SAND SATT

Das Tolle an der Algarve sind ja die Kontraste: Etwas westlich von Faro beginnt die Sandalgarve. Ab hier gibt's bis zum spanischen Grenzfluss Rio Guadiana weit und breit keine Felsbuchten mehr, dafür aber endlose, weite Sandstrände, die selbst im Sommer selten überfüllt sind …

Viele von ihnen liegen auf den Inseln des Naturschutzgebiets Ria Formosa, einer wunderbaren Lagunenlandschaft mit Salzfeldern, Flamingofamilien und unzähligen Muscheln. An den Ufern der Ria

Sand, Sand, Sand …, Meer, Meer, Meer …: Nationalpark Ria Formosa bei Tavira

wurden vor Hunderten von Jahren einige der spannendsten Städte der Algarve gegründet – nimm dir genug Zeit, sie zu erkunden. Jede hat ihren ganz eigenen, besonderen Charakter. Einsamkeit und Natur pur findest du im hügeligen Hinterland des Ostens. Überhaupt: Wenn du im Urlaub hauptsächlich Ruhe und Erholung suchst, bist du im östlichen Teil der Algarve bestens aufgehoben.

DER SOTAVENTO

MARCO POLO HIGHLIGHTS

★ VILA-ADENTRO VON FARO
Wie eine Insel im modernen Leben: Faros historische Altstadt ➤ S. 42

★ CULATRA
Mit der Fähre auf die Insel vor der Küste schaukeln oder nach Armona nebenan ➤ S. 52

★ MILREU
Römerspuren mit herrlichen Mosaiken ➤ S. 49

★ TAVIRA
Malerisches Städtchen am lieblichen Fluss mit Kirchen an jeder Ecke ➤ S. 53

★ IGREJA DE SÃO LOURENÇO
Ein Traum in blau-weißer Keramik – Barockkirche mit Azulejo-Wänden ➤ S. 48

★ ALCOUTIM
Verträumtes Burgdorf mit Seilbahnverbindung nach Spanien ➤ S. 63

★ OLHÃO
Fidele Fischerstadt mit Faible für kubische Häuser ➤ S. 49

13 Alcoutim
IC27
ESPAÑA
Pereiro
lcaria Alta
San Silvestre
de Guzmán
Odeleite
Villablanca
IC27
Azinhal
53 km, 1 ¼ Std.
A49
12 Reserva Natural do Sapal
de Castro Marim
Ayamonte
Castro Marim 11
Isla Cristina
Vila Real
de Santo António
S. 59
A22
Monte
Gordo
Vila Nova de Cacela
Altura
Praia Verde
Isla Canela
10 Cacela Velha
Conceição
Tavira
.53
9 Praia de Cabanas
Cabanas de Tavira
8 Ilha de Tavira
7 Santa Luzia
Praia do Barril
OCEANO ATLÂNTICO
4 km
2.49 mi

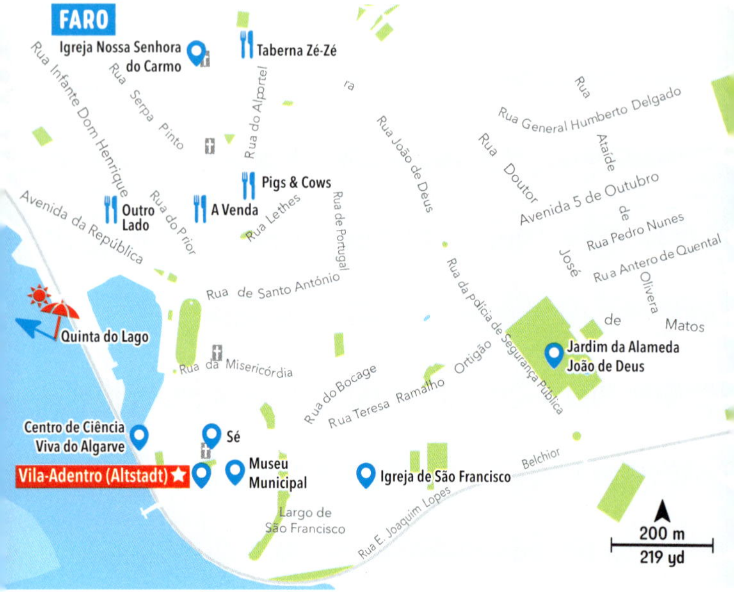

FARO

(🕮 M7–8) **Wenn du von Faro nur den Flughafen kennenlernst, verpasst du was! Die Hauptstadt der Algarve solltest du allein schon wegen ihrer hübschen Altstadt, *Vila-Adentro*, besuchen – sie hat aber noch viel mehr zu bieten.**

Zunächst mal ist Faro (67 650 Ew.) vor allem deshalb angenehm erfrischend, weil es eine „ganz normale" Stadt ist, mit Uni, Einkaufsstraßen, Gewerbegebieten und vor allem: Portugiesen, die hier leben, studieren, einkaufen, arbeiten! Klar, in der Altstadt tummeln sich tagsüber auch ein paar Touristen, aber das Flair unterscheidet sich von dem anderer Algarve-Städte, vor allem wegen der alternativen, studentischen Kneipenszene. Faro hat außerdem auch viel Kulturelles zu bieten: Theater, Museen, Kirchen und eine spannende Geschichte. *Ossonoba* nannten die Römer ihre Hafensiedlung, *Harúm* hieß sie unter den Mauren. Sie war die letzte Festung der Mauren in Portugal, erst 1249 eroberte König Afonso III. die Stadt „zurück". Nach dem Erdbeben 1755, das große Teile von Lagos zerstörte, wurde die Algarve-Verwaltung von dort nach Faro verlegt, und damit begann die Entwicklung zur Hauptstadt des Südens.

SIGHTSEEING

VILA-ADENTRO (ALTSTADT) ★

Es ist wirklich pittoresk, das historische Zentrum Faros, und es entschädigt mit seinen lauschigen Kopfsteinpflastergassen, dem hübschen Kathedralenplatz *Largo da Sé* und der gut erhaltenen Stadtmauer für die vielen nicht so schönen Ecken der Stadt. Du betrittst die *Cidade Velha* durch eines der Stadttore: Am repräsentativsten ist der in dieser Form im 18. Jh. errichtete *Arco da Vila* am Jardim Manuel Bivar, die Statue über dem Bogen ist der Stadtheilige Thomas von Aquin, auf dem Glockenturm nisten im Frühjahr die Klapperstörche. Am *Arco do Repouso* (Tor des Ausruhens) stammen manche Teile noch aus dem 13. Jh., hier soll sich Afonso III. nach dem Kampf gegen die Mauren ausgeruht haben, die Eroberung ist auf Azulejo-Tafeln neben dem Stadttor dargestellt. Durch den *Arco da Porta Nova* aus dem 17. Jh. kommst du auf eine kleine Promenade, die parallel zur Bahnlinie und zum dahinter beginnenden Naturschutzgebiet Ria Formosa verläuft.

CENTRO DE CIÊNCIA VIVA DO ALGARVE

Als 1910 das erste elektrische Licht Faros Gassen erleuchtete, entstand am Ufer der Ria Formosa ein Umspannwerk. Heute ist es ein interaktives Wissenschaftsmuseum, in dem du so einiges über die Entstehung des Flussdeltas erfährst, und Seegurken, Einsiedlerkrebse und andere Lebewesen der Ria aus nächster Nähe kennenlernst. Die Vergangenheit als E-Werk ist nicht ganz vergessen: Im Garten wird mittels Wind und Gezeitenkraft nachhaltig Energie gewonnen. Absolutes Highlight für nächtliche Besucher (nach Voranmeldung): Die Erkundung des Sternenhimmels über der Algarve mit einem Teleskop!

INSIDER-TIPP **Sternenkunde**

Di–So 10–13 u. 14–18 Uhr | Eintritt 5 Euro, Kinder (4–17 J.) 3 Euro | Rua Comandante Francisco Manuel | ccvalg.pt | 1½ Std.

SÉ

Kamera raus! Der *Largo da Sé* bildet mit seinem weiß getünchten, lang gezogenen Bischofspalast, dem *Paço Episcopal*, den Orangenbäumen und vor allem der Kathedrale Sé ein harmonisches, fotogenes Ensemble inmitten der Altstadt. An dieser Stelle befand sich in römischen Zeiten wohl schon das Forum, später errichteten die Westgoten eine erste christliche Kirche, bis die Mauren kamen und hier in die Moschee gingen.

Überblick: auf dem Glockenturm der Kathedrale Sé

Nach der Rückeroberung bauten die Christen ab 1251 ihr Gotteshaus über all diese Ruinen, doch es wurde nach einem Piratenangriff und dem Erdbeben mehrmals verändert. Heute stößt du hier auf einen spannenden Stilmix, vom gotischen Glockenturm (von dessen Dach du einen tollen Ausblick über die Altstadt und die Ria Formosa hast) bis hin zur aufwendig bemalten Barockorgel des deutschen Orgelbauers Arp Schnitger aus dem Jahr 1716. Der Kathedrale Sé angeschlossen ist ein *Museum für sakrale Kunst*, im Innenhof kannst du dir eine kleine Knochenkapelle anschauen. *Mo–Fr 10–19.30 (im Winter bis 18), Sa 9.30–13 Uhr | Eintritt 5 Euro*

INSIDER-TIPP
Faro von oben

MUSEU MUNICIPAL

Ein Besuch des Stadtmuseums lohnt sich allein schon wegen des wunderschönen Renaissancebaus, in dem es untergebracht ist, dem *Convento Nossa Senhora da Assunção* aus dem 16. Jh. mit seinem zweistöckigen Kreuzgang und dem hübschen Garten. Doch auch die Ausstellungen, von den faszinierenden archäologischen Fundstücken aus römischer, westgotischer und maurischer Zeit bis hin zur Gemäldegalerie lokaler Renaissance- und Barockmaler solltest du dir auf keinen Fall entgehen lassen. *Di–Fr 10–18, Sa/So 10.30–17 Uhr | Eintritt 2 Euro, So bis 14.30 Uhr (im Sommer bis 15.30) Eintritt frei | Praça Afonso III 14 | facebook: museumunicipaldefaro | 1½ Std.*

IGREJA DE SÃO FRANCISCO

Kaum jemand besucht diese von außen so unscheinbare, innen jedoch unglaublich üppig dekorierte Klosterkirche aus dem 17. Jh. Dabei quillt sie

Ein bisschen gruselig: Capela dos Ossos

praktisch über von wertvollen Azulejo-Bildern und vergoldeten Holzschnitzereien, und je weiter du nach vorne gehst, desto bunter wird es – willkommen im Barock und Rokkoko! *Mo–Fr 9.30–12 Uhr | Eintritt 2 Euro | Largo de São Francisco 51*

JARDIM DA ALAMEDA JOÃO DE DEUS

Krakeelende Pfauen stolzieren zwischen 100-jährigen Baumriesen umher, Eltern trinken am *quiosque* einen Kaffee, während die Kinder auf dem Spielplatz toben. Eigentlich handelt es sich um einen ganz normalen Stadtpark, wenn auch den größten Faros.

DER-TIPP
ne Halle wie in 1001er Nacht

Doch hier gibt's eine Besonderheit: das imposante alte Schlachthausgebäude von 1896 mit seinen neomaurischen Bögen am Südostende des Gartens. Inzwischen hört man im friedvollen Park aber schon lange kein Schlachtvieh mehr schreien, denn hinter der gelb-roten, orientalischen Fassade verbirgt sich seit 2001 das moderne Gebäude der Stadtbibliothek. *Park tgl. 7.30–20.30 (im Winter bis 18) Uhr | Rua da Policía da Segurança Pública*

IGREJA NOSSA SENHORA DO CARMO

Ein bisschen gruselig ist sie schon, die 1816 eingeweihte Knochenkapelle *(Capela dos Ossos)* im Klostergarten der Karmeliterkirche. Vor allem, wenn du die Aufschrift übersetzt: „Halte ein und bedenke, dass auch du so enden wirst". Die Schädel und Knochen stammen von über 1200 Mönchen des Ordens. Sehr viel fröhlicher ist die barocke Dekoration der Kirche selbst: Die im 18. Jh. gebaute Klosterkirche ist großzügig mit *talha dourada,* vergoldetem Holzschnitzwerk, verziert. *Mo–Fr 9–13 u. 15–17 (im Sommer bis 18), Sa 9–13 Uhr | Eintritt 2 Euro | Largo do Carmo*

ESSEN & TRINKEN

TABERNA ZÉ-ZÉ

Saftige Seafood-Cataplanas (probier mal die mit den Scheidenmuscheln!), deftige Feijoada-Eintöpfe mit allen möglichen Meeresfrüchten oder aber (falls der Hunger nicht so groß ist) delikate Tapas – und dazu immer ein passender Wein. Hier findest du fischiges Soulfood vom Feinsten, und das in gemütlich-familiärer Atmosphäre. Angesichts der Köstlichkeiten, die geboten werden, sind die Preise absolut fair. Deshalb: Unbedingt reservieren! *So und mittags geschl. | Travessa do Alportel 15 | Tel. 938735167 | facebook: tabernazeze-faro | €€*

PIGS & COWS

Großartiges Design und grandioses „*World Food*" (nicht nur vom Schwein oder Rind!) erwarten dich in diesem jungen, durchgestylten Lokal. Die Gerichte – viele asiatisch angehaucht – wechseln je nach Saison und Laune, aber du wirst sicher eine absolute Augen- und Gaumenfreude erleben. *Mo–Mi u. mittags geschl. | Rua Batista Lopes 57 | Tel. 966096850 | pigsandcowsalgarve.com | €€*

A VENDA

Hier merkst du gleich: Das kleine, gemütliche Tapaslokal wird von jungen und durch und durch engagierten Leuten geführt, auch wenn die Einrichtung und das Geschirr an Omas Wohnzimmer erinnern. Die Gerichte sind ausgefallen, kreativ, frisch und gut gewürzt, außerdem ist hier ein Paradies für Vegetarier! *So geschl. | Rua do Compromisso 60 | Tel. 289 82 55 00 | facebook: avendafaro* | €

OUTRO LADO

Auf der „anderen Seite" gibt's bunte und exquisit zubereitete vegane (und trotzdem irgendwie typisch portugiesische!) Köstlichkeiten, die den tierischen Originalen in nichts nachstehen. Das Ganze in einer warmen, anheimelnden Atmosphäre – hier mag man einziehen! *Mo/Di und mittags geschl. | Travessa da Madalena 6 | Tel. 9 11 00 03 59 | facebook: restoutrolado* | €€

SHOPPEN

Faros Fußgängerzone *Rua Dom Francisco Gomes* und die Gassen ringsum bieten alles, was das Shoppingherz begehrt. Obst, Gemüse und einen Supermarkt findest du in der *Markthalle (Largo Dr. Francisco Sa Carneiro)*. Und liebst du wie die Portugiesen Einkaufszentren? Außerhalb der Kernstadt liegt das Shoppingcenter *Forum Algarve (forumalgarve.net)*, Richtung Loulé an der A 22 die ultimative Kaufrausch-kombination aus IKEA, Designer-Outlet *(designeroutletalgarve.com)* und Shoppingcenter *(marshopping.com)*.

SPORT & SPASS

Mit der *Ria Formosa* vor der Haustür wird es in Faro nicht langweilig: Verschiedene Veranstalter bieten Bootsfahrten durch die kleinen Kanäle der Lagunenlandschaft an, noch eindrucksvoller lernst du das Naturschutzgebiet auf einer geführten Kajaktour kennen. Wenn du dich für die Vögel der Ria interessierst: Im Bereich des Ludo westlich des Flughafens lassen sie sich hervorragend beobachten. Für alle diese Aktivitäten empfiehlt sich besonders die Ökotourismus-Agentur *Formosamar (formosamar.com)* im Sporthafen.

INSIDER-TIPP
Paddelnd durch die Lagune

STRÄNDE

Faros Hausstrand, die *Praia de Faro* auf der *Ilha de Faro*, ist 10 km lang! In den 1970er-Jahren wurde die Düne wild bebaut, inzwischen wurden ein Großteil der illegalen Häuser wieder abgerissen. In der Nähe der Zufahrtsstraße (die am Flughafen vorbei und dann über eine Brücke über die Ria führt) findest du Parkplätze und Lokale. Im Sommer, wenn halb Faro auf die Ilha fährt, werden die Plätze überall sehr knapp. Je weiter du dich Richtung Westen vom Trubel entfernst, desto ruhiger – und exklusiver! – wird es. An der Strandbar Gigi's gehen die Reichen und Schönen der *Quinta do Lago* baden. Der Sand ist in beide Richtungen endlos und zuckrig fein, die Preise hingegen ein bisschen salziger – willkommen im Sylt der Algarve!

Stimmungsvoll: abendliches Straßenleben in der Altstadt von Faro

WELLNESS

Das *Magic Spa (short.travel/alg4)* im *Palácio de Estoí* (s. S. 48) ist nicht ganz billig, dafür superedel und inmitten einer wunderschönen Anlage gelegen. Auch wenn du kein Hotelgast bist, kannst du eine Massage buchen sowie Sauna, Dampfbad und Pool nutzen. Himmlisch entspannend!

AUSGEHEN & FEIERN

An Ausgehmöglichkeiten fehlt es in der Studentenstadt Faro nicht, vor allem in den Gassen nördlich des Sporthafens findest du Bars, Kneipen und Clubs. In vielen ertönt abends (Live-) Musik, wie in der *Baixaria Bar (tgl. 22–4 Uhr | Travessa de São Pedro 10 | Instagram: baixariafaro)*, in der zu World Music, Hip-Hop oder DJ-Sets getanzt wird. Du liebst Cocktails? In der edlen, aber nicht überteuerten *Columbus Bar (tgl. 18–3 Uhr | Praça Dom Francisco Gomes 13 | barcolumbus.pt)* zaubern die schnieken Jungs hinter der Theke eine irre Auswahl an bunten Köstlichkeiten.

INSIDER-TIPP
Bildhübsche Drinks

Musik und Kultur von Fado, Tango und Jazz bis zu fetzigen DJ-Sets bietet *O Castelo (tgl. 10.30–2 Uhr | Rua do Castelo 11 | facebook: OCasteloCidadeVelha)* an der Altstadtmauer: Die loungige Terrasse über der Ria ist ein wundervoller Ort für einen Drink (oder auch für Tapas oder ein frisches Fischfilet) zum Sonnenuntergang.

RUND UM FARO

1 ILHA DESERTA (ILHA DA BARRETA)

7 km südlich von Faro/ 15 Min. mit dem Boot

Allein die Bootsfahrt hinaus zur *Ilha da Barreta* ist ein Erlebnis. Die Insel selbst ist nicht bewohnt – es gibt kein Grundwasser, deshalb nennt man sie auch *Ilha Deserta*: „Wüsteninsel". Hier kannst du ganzjährig im energieautarken Strandrestaurant *Estaminé (reservieren! | Mobiltel. 9 17 81 18 56 | ilhadeserta.com | €€€)* einkehren. Danach warten sieben, selbst im Sommer ziemlich einsame Sandstrandkilometer auf dich. Oder du machst einen Spaziergang über den 2 km langen Dünenpfad bis zum *Cabo de Santa Maria* mit seiner skurrilen Markierung aus Treibholz und Schildern. *M–N8*

INSIDER-TIPP
Holzweg zum südlichsten Punkt Portugals

2 ALMANCIL

13 km nordwestlich von Faro/20 Min. mit dem Auto über die IC 4/N 125

Der zersiedelte Ort selbst verteilt sich entlang der vielbefahrenen N 125 und gibt eher wenig her, nur ein paar Cafés und Lokale, in denen die superreichen (Golf-)Urlauber der Luxusferienanlagen des nahe gelegenen *Vale do Lobo* und der *Quinta do Lago* manchmal etwas „Portugalluft" schnuppern. Doch am östlichen Ortsrand befindet sich eine atemberaubende Kirche, die du nicht verpassen darfst, selbst wenn du dich sonst nicht so für Kirchen interessierst. Die kleine, barocke ★ *Igreja de São Lourenço (Mo 15–18, Di–Sa 10–13 u. 15–18, im Winter bis 17 Uhr | Eintritt 2 Euro | Rua da Igreja)* mit ihrem über und über mit blau-weißen Azulejos verzierten Inneren ist in dieser Form einzigartig in Portugal – Achtung, Fotografieren verboten! Wie kommt der Ort nur an so was? Die reichen Großgrundbesitzer der Region haben sie finanziert, als Einlösung eines Gelübdes im besonders trockenen Jahr 1722: Die Ernten drohten zu verdorren, sie baten um Wasser, es regnete – und 1730 stand die Kirche! *L7*

3 ESTÓI & MILREU

10 km nördlich von Faro/15 Min. mit dem Auto über die N 2

Das Highlight des sympathischen Dorfs Estói (3600 Ew.) *(N7)* ist das Belle-Époque-Schlösschen *Palácio de*

Prächtiges Farbspiel in Blau-Weiß: Azulejos in der Igreja de São Lourenço

Estói (Rua de São José 13) mit seiner herrlichen Gartenanlage aus dem 18./19. Jh. In dem rosafarbenen Rokokopalast, in dem sogar schon Abgesandte von Napoleon Bonaparte dinierten, befindet sich heute eine edle *Pousada*. Die altehrwürdigen Salons, die Hauskapelle und den Garten darfst du auch als Nicht-Gast besichtigen *(Eintritt frei)*. Schau dir im Park mal die Venus-Grotte unter der Freitreppe an: Die drei nackten Liebesgöttinnen scheinen gerade ein Bad im Muschelbrunnen genommen zu haben.

Einen Kilometer weiter südlich wurde sogar schon vor über 2000 Jahren gebadet: In ★ *Milreu (M7)* machten Archäologen Ende des 19. Jhs. eine grandiose Entdeckung: eine römische Villa aus dem 1. Jh., die bis ins 4. Jh. vergrößert und mit einem Kulttempel erweitert wurde. Einige Mosaike mit Fisch- und Delfinmotiven sind erhalten, beim Besichtigen der Ausgrabungsstätte und des Museums *(tgl. 10–18, im Winter 9–17 Uhr | Eintritt 2 Euro | 1 Std.)* kannst du – auch wenn du nicht vom Fach bist – gut die Gestalt des weiträumigen Wohn- und Badebereichs nachvollziehen.

OLHÃO

(N7) **Das etwas eigenwillige, aber erfrischend untouristische ★ Olhão (14 200 Ew.) an der Ria Formosa wird dich begeistern: In den labyrinthischen Gassen der Altstadt verlierst du dich zwischen winzigen, idyllischen Plätzen und weißen, kubischen Häusern, in den riesigen Markthallen zwischen unzähligen Fischständen, und im Hafen kannst du live mitansehen, dass es wirklich noch Menschen gibt, die vom Fischfang leben.**

O. k., die Stadt hat auch weniger hübsche Ecken, vor allem die Außenbereiche wirken mit ihren Häuserblöcken irgendwie trist, und auch die Fabrikgebäude der Fischverarbeitungsindustrie östlich des Hafens sind nicht so schön anzuschauen. Doch wenn du dann an der lebhaften Uferpromenade mit ihren vielen nach gegrilltem Fisch duftenden Restaurants entlangstreifst und das „wahre" algarvische Treiben beobachtest, wird dir Olhão ans Herz wachsen.

SIGHTSEEING

IGREJA NOSSA SENHORA DO ROSÁRIO

Das Beste an der Pfarrkirche aus dem 18. Jh. ist die Tatsache, dass du auf den Turm steigen kannst. Von dort aus hast du nämlich einen grandiosen Blick über die weißen Häuserkuben der Altstadt – mit der Ria Formosa im Hintergrund. Die für Portugal einzigartige Architektur der kubischen, begehbaren Dächer hatten die Fischer im 19. Jh. in Nordafrika gesehen und kopiert, sie erinnert tatsächlich etwas an maurische Zeiten. Die Kerzen in der angebauten *Capela do Senhor dos Aflitos* auf der Rückseite der Kirche brennen für die sichere Heimkehr der Fischer. *Mo–Fr 10–11.30 u. 15–17 Uhr | Turmbesteigung 1 Euro | Praça da Restauração*

MUSEU MUNICIPAL

In das ehemalige Gebäude der Fischerbruderschaft, die *Casa do Compromisso Marítimo* aus dem späten 18. Jh., ist das kleine, aber feine Stadtmuseum eingezogen. Neben archäologischen Fundstücken siehst du wechselnde Ausstellungen zur Kulturgeschichte Olhãos. *Di–Sa 10–12.30 u.*

Heute mal selbst kochen? Zutaten gibt's in den Markthallen

13.30–17 Uhr | Eintritt frei | Praça da Restauração | 30 Min.

QUINTA DE MARIM

INSIDER-TIPP Wandern in der Ria Formosa

Am östlichen Stadtrand beginnt neben einer Saline ein wunderbares Naturareal, in dem du bei einem lohnenswerten Rundgang (4–5 km) die Schönheiten der Lagunenlandschaft Ria Formosa mit all ihren Vögeln (halte Ausschau nach Flamingos und Störchen!) und Pflanzen kennenlernen kannst. Interessant ist die *Gezeitenmühle,* in der du ebenso wie im *Besucherzentrum* über die Natur der Ria informiert wirst. *Park tgl. 8–20 Uhr, Besucherzentrum Mo–Fr 9–17 Uhr | Eintritt für beides 2,80 Euro | Av. Parque Natural Ria Formosa | 2 Std.*

CASA JOÃO LÚCIO

Was für ein Palästchen! Am Nordrand der Quinta de Marim erhebt sich dieses exzentrische „Chalêt", das Anfang des 20. Jhs. von dem einheimischen Dichter João Lúcio Pereira (1880–1918) als Refugium errichtet wurde. In dem kuriosen Gebäude hat jede Treppe, jede Form und jede Wand eine esoterische Bedeutung. Innen gibt es wechselnde Ausstellungen. *Mo–Fr 9–12.30 u. 14–17.30 Uhr | Eintritt frei | 30 Min.*

ESSEN & TRINKEN

Entlang der Uferallee Avenida 5 de Outubro findest du zahlreiche Restaurants, in denen du hervorragend gegrillten Fisch essen kannst. Besonders urig ist es im *O Bote (Nr. 122 | So/Mo geschl. | Tel. 289 14 21 02 | €€),* gut und günstig speist du im *Pitéu da Baixa Mar (Mo geschl. | Nr. 18 | Tel. 289 70 57 49 | €).* Und wenn du mal was anderes brauchst als Fisch, dann bekommst du im stylishen *Pizza na Pedra (tgl. | Nr. 50 | Tel. 289 70 24 44 | pizzapedra.com | €€)* richtig leckere Steinofenpizza. Guten Appetit!

VAI E VOLTA

Regelrecht die Hölle los ist im Rodizio-Grillrestaurant von José und Maria João – und das schon seit Jahren. Hier gibt's frische Fische vom Feinsten. Du musst nichts auswählen, die Fische kommen zu dir – so lange, bis du satt bist. Ein super Konzept, wenn man Fisch mag und bereit ist, dafür vielleicht auch mal eine Weile anzustehen. Reservierungen werden nämlich nicht angenommen. *Di–So, nur mittags, im Hochsommer auch abends | Largo do Grémio 2 | vaievolta.pt | €*

SHOPPEN

Zu den absoluten Highlights Olhãos gehört das Treiben in den *Markthallen (Mo–Sa 7–13 Uhr | Av. 5 de Outoubro)*: Einen größeren Fischmarkt findest du nirgendwo sonst an der Algarve, und auch die Obst- und Gemüsehalle ist wirklich beeindruckend. Samstags findet ein zusätzlicher Wochenmarkt auf dem Platz neben den Markthallen statt. Nette kleine Geschäfte liegen in der Fußgängergasse *Rua do Comércio.* Das etwas größere Shoppingcenter *Ria Shopping (N 125 Nr. 100, riashopping.pt)* lockt mit dem riesigen Super-

Holzstege führen bei Olhão durch die Dünen der Ria Formosa

markt Auchan, Fachgeschäften und Restaurants.

SPORT & SPASS

Ab in die Lagune! Eine tolle Möglichkeit, das zauberhafte, aber fragile Meeresbiotop kennenzulernen, ist ein entspannter und informativer Bootsausflug mit *Sabino Boattours (Tel. 9 15 66 18 60 | sabinoboattours.com):* Die Crew kennt die Vogelarten, erklärt, wie man Muscheln sammelt und Austern pflückt, und zeigt, in welcher Seegrasweide die Seepferdchen am liebsten abhängen. Auf der fünfstündigen Tour gibt's sogar noch ein köstliches Mittagessen.

RUND UM OLHÃO

4 CULATRA ★

3 km Luftlinie von Olhão/30 Min. mit der Fähre nach Culatra

Wenn du von Olhão zu den nächstgelegenen Stränden möchtest, wartet zunächst eine Bootstour auf dich: Am Kai im Osten der Uferpromenade starten die Fähren (Fahrpläne siehe *8700-olhao.com*) und Ausflugsboote durch die Lagunenlandschaft Ria Formosa zu den vorgelagerten Düneninseln Culatra und *Armona* (*📖 O7–8*), auf denen mehrere Hundert Menschen leben, vor allem Fischer und Muschelsammler. Hier gibt es keine Autos, dafür herrliche Strände, viele Meeresfrüchte und Lokale, in denen sie fangfrisch serviert werden. Die Atmosphäre ist nachbarschaftlich, besonders malerisch ist der Fischerhafen im Hauptort Culatra. Der Westteil der Insel wird von den Einheimischen *Ilha do Farol* (Leuchtturminsel) genannt, denn hier erhebt sich seit 1851 ein imposanter Leuchtturm. Wenn du Glück hast, ist die weiß-rote Schönheit mit ihrer schwindelerregenden Plattform in fast 50 m Höhe am Mittwochnachmittag *(14–17 Uhr)* nach der vorübergehenden Schließung jetzt wieder zu besichtigen – die Aussicht über die Inseln, die Lagune und das Meer ist nämlich atemberaubend. *N8*

5 FUSETA

12 km östlich von Olhão/20 Min. mit dem Auto über die N125

In dem kleinen Hafenort steuern die Meisten direkt die Bootsanlegestelle an, von der aus du nach 5 Minuten Fahrt durch die Ria Formosa auf die Strandinsel *Ilha de Fuseta* gelangst. Sie ist eigentlich eine Verlängerung der Ilha da Armona, theoretisch kannst du am (sogar im Sommer erstaunlich leeren) Strand entlang bis dorthin laufen. Zurück im Küstenort selbst findest du an der Uferpromenade ein paar Bars – köstlichen gegrillten Fisch gibt es nahe der Markthalle in der *Casa Corvo (Mo geschl. | Largo 1° de Maio 1 | Mobiltel. 916127466 | €)*. Statte auch der etwas erhöht am Ortsrand gelegenen *Dorfkirche* einen Besuch ab – von ihrem Vorplatz hast du einen schönen Blick über die kubischen Dorfdächer und die Ria. *O7*

6 MONCARAPACHO

13 km nördlich von Olhão/25 Min. mit dem Auto bis zum Cerro da Cabeça

Falls du an der eigentlich ja ziemlich flachen Küste mal akute Lust auf eine kleine Bergtour hast: Nördlich des Dorfes Moncarapacho erhebt sich der *Cerro da Cabeça* mit seiner löchrigen Karstlandschaft und tiefen Dolinen-Grotten. Es gibt einen mehr oder weniger markierten Wanderpfad (Rundweg ca. 7 km) durch die karge Vegetation. An der mit 250 m höchsten Stelle hast du nach einem kleinen Kraxelaufstieg eine tolle Aussicht über die Region und die Ria Formosa. *O6–7*

TAVIRA

(P6) **Keine Frage, ★ Tavira ist das schönste Städtchen an der Ria Formosa. Die Lage am lieblich dahinfließenden Rio Gilão, die vielen Kirchen und die für Tavira typischen weißen Häuschen mit ihren spitzen Walmdächern verleihen ihr etwas Malerisches.**

Früher lebten die Menschen hier vor allem von der Salzgewinnung und vom Fischfang, im 15. Jh. war der Hafenort ein wichtiger Stützpunkt für den Handel mit Nordafrika. Doch die afrikanischen Besitzungen waren nicht von Dauer, der Hafen verschlickte, und als im 20. Jh. auch noch die Thunfische ausblieben, versank Tavira

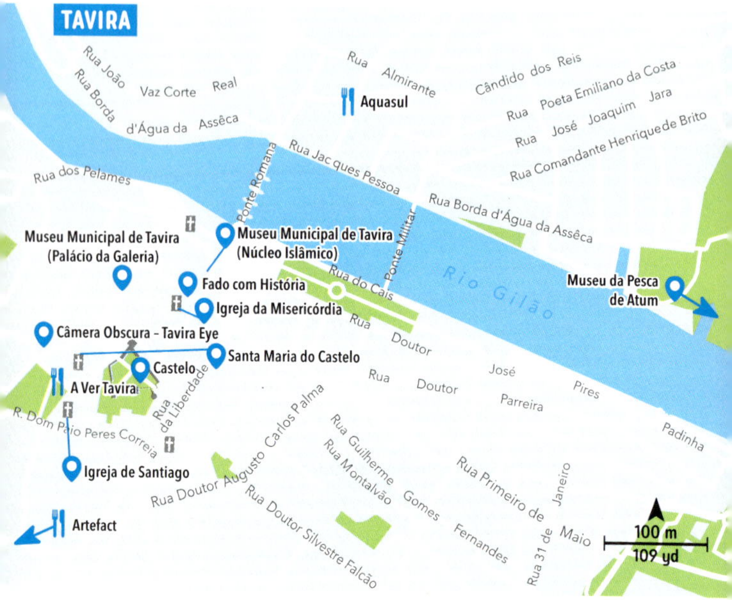

in einen Dornröschenschlaf, aus dem es erst in den letzten Jahren vom Tourismus wieder wachgeküsst wurde.
Erkunde Tavira (15 400 Ew.) in aller Ruhe – zu beiden Seiten des Flusses. Streif durch die Gassen an den Hügeln, um den stillen Charme der Stadt zu erleben. Spazier von einer Kirche zur nächsten – es gibt über 20! Oder setz dich einfach an die hübsche Uferpromenade, in den idyllischen *Jardim Público* mit den Schatten spendenden Palmen neben der alten Markthalle oder in eines der einladenden Straßencafés an der *Praça da República* und betrachte das Treiben.
Und wenn du das ganz dringende Bedürfnis hast, das Meer zu sehen, steigst du einfach ins Fährboot und schipperst zur vorgelagerten *Ilha de Tavira* mit ihrem endlosen Sandstrand.

SIGHTSEEING

KIRCHEN AM BURGHÜGEL

An Kirchen und Kapellen mangelt es ja nicht in Tavira, manche lohnen eher einen Besuch als andere. Auf keinen Fall verpassen solltest du die Kirchen rund um die Burg. Die harmonische, dreischiffige *Santa Maria do Castelo (Mo–Fr 10–13 u. 14–17 Uhr | Eintritt 3 Euro, Kombiticket 3 Kirchen: 7 Euro)* fällt mit dem riesigen Zifferblatt am begehbaren (und sehr aussichtsreichen!) Uhrenturm schon von Weitem auf, auch dank der erhöhten Lage neben der Burg. Die einst gotische Kirche wurde nach der Reconquista im 13. Jh. direkt über die maurische Moschee gebaut und später manuelinisch ergänzt. Das Erdbeben von 1755 hinterließ auch hier Spuren, doch das gotische Eingangsportal konnte gerettet werden. Angeschlossen ist eine *Ausstellung* mit sakraler Kunst.

Nur ein paar Schritte weiter wartet mit der schlichten *Igreja de Santiago (Mo–Fr 10–13 u. 14–17 Uhr | Eintritt 3 Euro, Kombiticket 3 Kirchen: 7 Euro)* schon die nächste Kirche, sie stammt ebenfalls aus dem 13. Jh. Interessant ist das Medaillon aus Putz hoch über dem Hauptportal: Es zeigt São Tiago, den hl. Jakob, auf einem Pferd, schließlich waren es die Ritter des Santiago-Ordens, die sich bei der Eroberung der Stadt 1242 verdient machten und nach der Reconquista das Castelo verwalteten. Im Inneren der Kirche hängen einige wertvolle Gemälde portugiesischer Maler aus dem 15.–18. Jh.

Am meisten bekommst du in der üppig dekorierten *Igreja da Misericórdia (Mo–Fr 10–13 u. 14–17.30, Sa 10–13 Uhr | Eintritt 3 Euro, Kombiticket 3 Kirchen: 7 Euro)* aus dem 16. Jh. geboten: blau-weiße Rokoko-Azulejos, ein wuchtiger vergoldeter Hochaltar und eine gut erhaltene Schrankorgel aus dem 18. Jh., die auf einem vermeintlich marmornen, in Wahrheit aber hölzernen Podest steht. Achte außen mal auf das Renaissanceportal: Die Muttergottes der Barmherzigkeit wird von einem steinernen Baldachin beschützt und von den Wappen Portugals und Taviras flankiert.

CASTELO

Von der einst maurischen Burganlage sind nur ein paar Mauerreste übrig, dennoch gehört das Castelo mit seinem wunderschönen, gepflegten kleinen Garten zu den lauschigsten Ecken der Stadt. Wenn du auf die Mauern steigst, hast du eine tolle Aussicht über Stadt und Fluss. *Im Winter tgl. 9–17 Uhr, im Sommer Mo–Fr 9–19, Sa/So 10–19 Uhr | Eintritt frei | 20 Min.*

CÂMERA OBSCURA – TAVIRA EYE

Kleine Lehrstunde in Sachen Optik: Untergebracht im alten Wasserturm, wirft die Câmera Obscura über ihr Linsensystem Livebilder von Tavira auf eine Projektionsfläche – du bekommst im wahrsten Sinne des Wortes einen tollen Überblick, zumal ein Guide dir alles Sehenswerte, wie z. B. die Salinen im Umland, aber auch die typischen Walmdächer der Altstadthäuser zeigt und erklärt. *Mo–Fr 11–15 Uhr | Eintritt 5, Kinder 3 Euro | Calçada da Galeria 12 | cameraobscuratavira.com | 30 Min.*

MUSEU MUNICIPAL DE TAVIRA

Das Stadtmuseum verteilt sich auf verschiedene Standorte im Stadtgebiet, auch zwei Kapellen und ein ehemaliges Wasserpumpwerk gehören dazu. In dem schon aus architektonischen Gründen sehenswerten einstigen Wohnpalast *Palácio da Galeria (Calçada da Galeria)* wechseln die Ausstellungen, außerdem kannst du im Atrium Ausgrabungsreste phönizischer Brunnen bewundern. Gänzlich der Archäologie widmet sich der Ableger *Núcleo Islâmico (Praça da Républica).* Er entstand an der Stelle, an der 1996 Reste der maurischen Stadtmauer aus dem 12. Jh. und eine einzigartige Vase, der „*Vaso de Tavira*" gefunden

Tavira: Die siebenbogige Ponte Romana aus dem 17. Jh. überspannt den Rio Gilão

INSIDER-TIPP
Fantastisches Fundstück!

wurden. Dieses ungewöhnliche Tongefäß aus dem 11. Jh. ist rundherum mit kleinen Krieger-, Musiker- und Tierfiguren versehen. *Beide Museen Di–Sa 9.30–13 u. 14–16.30 Uhr | Eintritt je 2 Euro, Kombiticket 3 Euro | museumunicipaldetavira.cm-tavira.pt | 1 Std.*

FADO COM HISTÓRIA

Achtung, hier wird's melancholisch! Die ambitionierte Kulturvereinigung bringt dir den Fado näher, manchmal gibt es auch abendliche Konzerte in der nebenan gelegenen *Igreja da Misericórdia*. Bei einer der dreimal täglich (außer So) stattfindenden knapp einstündigen Veranstaltung siehst du zuerst einen zehnminütigen Film über die Geschichte und die Besonderheiten der portugiesischen Sehnsuchtsmusik, danach kannst du 35 Minuten lang live erleben, wie inbrünstig gesungen und Gitarre gespielt wird. *Mo–Sa 15.15, 17, 18.30 Uhr | Eintritt 10 Euro | Rua Damião Augusto de Brito Vasconcelos 4 | fadocomhistoria.com*

MUSEU DA PESCA DE ATUM

Heute füllt sich die einst größte Thunfischfangstation der Algarve mit Hotelgästen, früher lebten hier von März bis September die Thunfischfänger. Die jahrzehntelange Überfischung hat die 2000 Jahre alte Fischfangtradition in den 1970er-Jahren zum Erliegen gebracht. In dem kleinen Museum erfährst du, wie die blausilbrig glänzenden Fische gefangen wurden, und was man aus den „Stieren des Meeres" alles Köstliches herstellte. *Tgl. 9–21.30 Uhr | Eintritt frei | Eco Hotel Vila Galé Albacora | Quatro Águas | 20 Min.*

ESSEN & TRINKEN

AQUASUL

Wunderschöne Mosaike schmücken das verspielte, bunte Lokal in dem Altstadtgässchen auf der Nordseite des Rio Gilão. Die Kunst steckt nicht nur in allen Winkeln des Restaurants – im Innenraum oder auf der Esplanade –, sondern auch in den italienisch angehauchten Gerichten des abwechslungsreichen Menüs. Unbedingt reservieren! *So/Mo u. mittags geschl. | Rua Doutor Augusto Silva Carvalho 11 | Tel. 281325166 | facebook: restaquasul | €€*

A VER TAVIRA

Klar, hier zahlst du ordentlich für den Michelin-Stern des Chefkochs Luís Brito, für die Lage auf dem Burghügel und die grandiose Aussicht von der Terrasse über die Stadt – aber es lohnt sich. Probier dich am besten durch eines der saisonalen Degustationsmenüs! *So/Mo geschl. | Calçada da Galeria 13 | Tel. 281381363 | avertavira.com | €€€*

ARTEFACT

Es ist ein Fakt: Hier gibt's kein Essen, hier gibt's essbare Kunst. Wahnsinn, was für Tapas da kreiert werden, wie kunstvoll ein Brunch aussehen kann und wie köstlich die Cataplana hier schmeckt. Ohne Reservierung hast du keine Chance, das (französisch angehauchte) Kleinod am Rand der Altstadt ist (leider) schon kein Geheimtipp mehr, zumal sich hier auch Vegetarier ausgesprochen wohl fühlen. *So u. Mo–Mi mittags geschl. | Rua das Capacheiras 1 | Tel. 925572178, facebook: Artefactavira | €€*

AUSGEHEN & FEIERN

Im Sommer gibt es in der Nähe der einstigen Markthalle und auf der Praça da República häufig Feste und Konzerte, im Winter trifft man sich eher in den Cafés der Altstadt, beispielsweise im *Sitio (So geschl. | Largo do Trem 28)* oder im Irish Pub *The Black Anchor (Mo geschl. | Rua Borda d'Água da Asseca 46–50 | blackanchortavira.com),* in denen entweder Sport geguckt wird oder Livebands spielen. Und mit derm Nightclub *Echo (Fr/Sa 23–6 Uhr | Avenida dos Descobrimentos | facebook: echotavira)* gibt es auch einen Ort zum Tanzen bis zum Morgengrauen.

RUND UM TAVIRA

7 SANTA LUZIA

4 km südwestlich von Tavira/8 Min. mit dem Auto über die M 515

Santa Luzia gilt als Hauptort des Oktopusfangs. Sehr schön ist die Uferpromenade mit dem Blick auf die Boote. Fahr noch 2 km weiter zur Ferienhaussiedlung *Pedras d'el Rei*, ab hier kannst du entweder per Bimmelbahn

Herausgeputzt: weiß-blaue Farbstimmung in Cacela Velha

zur wundervollen *Praia do Barril* auf der Ilha de Tavira tuckern, oder du läufst parallel zu den Schienen über den Damm durch die Ria Formosa und über die Dünen (1,5 km). An diesem Strand befand sich ebenfalls eine Thunfischfangstation, in den Gebäuden sind heute u. a. Cafés und Restaurants untergebracht, etwa das chillige *Barril Beach Café (€)*. Doch das Highlight sind die skurrilen Anker im Sand – was für ein herrlich kurioses Fotomotiv! Mit ihnen wurden früher die Fangnetze im Meer befestigt. *P7*

INSIDER-TIPP
Fotosession am Ankerfriedho

8 ILHA DE TAVIRA

3 km Luftlinie von Tavira/20 Min. mit der Fähre

Die 10 km lange Düne ist von rarer Schönheit. Bootszubringer legen ganzjährig von der außerhalb Taviras gelegenen Station *Quatro Águas* ab, im Sommer geht es für gewöhnlich nahe der einstigen Markthalle von Tavira los. Auf der Tavira-Insel gibt es eine Restaurantzone und einen Campingplatz. Im Sommer leider auch ziemlich viele Mücken. Aber der Strand – traumhaft!! *O–P 6–7*

9 CABANAS DE TAVIRA

8 km östlich von Tavira/10 Min. mit dem Auto über die N 125

Auf den ersten Blick mag dies ein bedeutungsloser Ort sein – doch der Eindruck täuscht. Denn hier starten im Sommer Schiffe zur kurzen Fahrt durch die Lagune zum schönen, langen Strandabschnitt *Praia de Cabanas*. Ein wahres Paradies: Auf der einen Seite badest du im lauen Lagunen-, auf der anderen im kühleren Meerwasser. Im Ort selbst kannst du auf der hübschen Uferpromenade flanieren, zahlreiche Lokale laden zum (Fisch-)Essen ein. Das vermutlich beste Eis in der Algarve bekommst du bei *Delizia (Av. da Ria Formosa | facebook: GelatariasDelizia)*, hier gibt es auch ausgefallene Sorten wie Honig, Ingwer, Thymian, Johannisbrot oder Feige – alles typisch algarvische Geschmacksrichtungen! *P6*

SIDER-TIPP
Jetzt ein Eis!

10 CACELA VELHA

12 km östlich von Tavira/15 Min. mit dem Auto über die N 125

Eine kleine Hafenburg aus dem 12. Jh., ein paar Dutzend Häuser, ein hübsches Kirchlein, das Ganze mit dem Blick von oben auf Teile der Ria Formosa – ein Idyll! Mach einen Abstecher zum *Dorffriedhof* mit seinen Sammelbauten aus Sargeinschubfächern in mehreren Etagen. Ein kleiner Fußweg führt durch den Sand (geh ihn besser bei Ebbe!) ins 1,5 km westlich gelegene Örtchen *Fábrica* (auch mit dem Auto erreichbar). Von hier aus kannst du dich – ebenso wie von Cacela Velha aus – von den Fischern in kleinen Booten zum Strand auf dem vorgelagerten Dünenstreifen übersetzen lassen. *Q6*

VILA REAL DE SANTO ANTÓNIO

(R5–6) **Wenn du durch die fast schon mondän wirkende Schachbrettstadt am Grenzfluss Rio Guadiana spazierst, merkst du gleich: Hier weht ein anderer Wind als in den klassischen Urlaubsorten. Vila Real ist eine typische Grenzstadt, die Spanier kommen zum Einkaufen her, und viele Tagesausflügler schauen sich die im 18. Jh. von Premierminister Marquês de Pombal höchstpersönlich entworfene Stadt an.**

Dem König war es nämlich gar nicht recht, dass die Grenzregion so dünn besiedelt war, vor allem wollte er nach dem Erdbeben 1755 den Warenhandel über den Rio Guadiana und den Fischfang von Monte Gordo beaufsichtigen – und so ließ er 1774 an der Stelle des kleinen Fischerdorfs Santo António de Arenilha in nur fünf Monaten die „königliche Stadt" hochziehen. So ganz ging sein Kontrollplan nicht auf: Die relativ wohlhabenden Fischer aus dem nahen Monte Gordo weigerten sich umzuziehen, stattdessen zogen sie lieber nach Spanien – nur um der Aufsicht der Zollbehörden zu entfliehen.

Heute leben etwa 11 750 Menschen in „VRSA", wie die Portugiesen die Grenzstadt gerne abkürzen. Das geschäftige Schachbrettmusterzentrum kannst du wunderbar zu Fuß erkunden: Los geht's an der Uferallee Avenida da República mit ihrem Yachthafen und der bauklötzchenartigen, von João Cutileiro geschaffenen Statue des Stadtgründers Marquês de Pombal. Auch der sternförmig gepflasterte Hauptplatz, an dem sich die Kirche und das Rathaus befinden, ist nach ihm benannt und markiert das stolze Zentrum, ab hier geht es in die gut besuchten Einkaufsstraßen. Du stößt auf eine beeindruckende Auswahl an

Haushaltswaren und Textilien – viele Spanier kommen per Fähre oder über die Autobahnbrücke zum günstigen Shoppen in die Stadt.

ESSEN & TRINKEN

Eine Reihe von Restaurants findest du in der weitläufigen Fußgängerzone an der *Avenida da República*. Sie sind ordentlich und recht preiswert. Vor allem die Nachbarn aus Spanien tummeln sich an der herrlichen Wasserfront und in den Gassen der Innenstadt.

ASSOCIAÇÃO NAVAL

Willkommen im Yachtclub! Du sitzt direkt am Wasser, in stilvoller Atmosphäre. Besonders gut sind die frischen Fisch- und Meeresfrüchtegerichte, aber auch die leckeren Tapas. *Tgl. | Av. da República | Tel. 281513038 | associacaonavaldoguadiana.pt | €€*

STRÄNDE

Noch recht naturbelassen sind die *Praia da Ponta da Areia* und *Praia de Santo António* direkt neben der Mündungsmole. Strände mit kompletter touristischer Infrastruktur gibt's im 4 km westlich gelegenen Badevorort *Monte Gordo* (3200 Ew.). Er gewinnt mit seinen Hotelblöcken keinen Schönheitswettbewerb, wohl aber mit seinem fantastischen Sandstrand, auf dem sich auch pittoreske Fischerboote sonnen.

Die *Praia Verde* macht ihrem Namen alle Ehre: der „grüne Strand", etwa 7 km westlich von VRSA, ist von Dünenwäldern gesäumt. Im ehemaligen Fischerdörfchen *Manta Rota*, nochmal 4 km weiter westlich, geht es ruhiger zu als in Monte Gordo. Generell gilt: Im Vergleich zu den Strandbuchten der Felsalgarve ist es an den Stränden von VRSA ziemlich entspannt. Und wenn du keine Lust mehr auf portugiesische Strände hast, kannst du einen Abstecher nach Spanien machen!

SPORT & SPASS

INSIDER-TIPP
Waldlauf mit Pinienduft

Ein absoluter Traum sind die Dünenwälder, in denen du im Schatten von Kiefern und Pinien herrlich spazieren gehen oder joggen kannst. Die geschützte *Mata Nacional das Dunas Litorais*, ein wichtiger Lebensraum für Chamäleons, zieht sich von Vila Real de Santo António bis nach Monte Gordo.

Wer sich von Baum zu Baum hangeln möchte, findet im *Parque Aventura (parqueaventura.net/vrsa)* einen Hochseilgarten für große und kleine Kletterer.

Der Rio Guadiana schreit geradezu danach, per Boot erkundet zu werden – Schiff ahoi! Das breite Tal ist fruchtbar, links und rechts breiten sich Haine mit Oliven, Orangen, Zitronen, Feigen aus. Und immer wieder fällt der Blick auf das Silberband des Flusses, dessen Strömung von Ebbe und Flut abhängt – bis hinauf nach *Mértola*. Bei Seglern ist der Guadiana sehr beliebt, auch zum Ankern, denn es gibt keine Liegegebühren. Verschiedene Veranstalter bieten Bootstouren (teilweise inkl. Mittagessen) an, z. B.

Bootstour auf dem Rio Guadiana – die Ponte Internacional do Guadiana im Blick

Trans Guadiana (transguadiana.com) oder *Rio Sul (riosultravel.com)*, in der Regel fahren sie bis Foz de Odeleite und zurück.

WELLNESS

Mit Outdoor-Thermalbädern ist die Algarve ja nicht gerade reich gesegnet – umso schöner, dass du im *Spa Salino* des *Água Mãe (nur im Sommer geöffnet: Mi–So 10–18 Uhr | Salina Barquinha, Castro Marim | facebook: aguamae)* ein Eins-A-Meersalzbad nehmen kannst. Denn im *Água Mãe* wird nicht nur Salz zum Verzehr gewonnen, sondern – mit Salzblütenpeeling, Schlammpackungen, Planschen im Salzbecken oder Yoga am Salinenufer – auch ein erstaunlich günstiges Wellness-Programm angeboten.

AUSGEHEN & FEIERN

Das Nachtleben findet – im Sommer – eher in *Monte Gordo* statt. Im dortigen Spielkasino geht es leger zu. Bars und Diskos sind bis in den Morgen offen.

RUND UM VILA REAL DE SANTO ANTÓNIO

11 CASTRO MARIM

4 km nördlich von Vila Real de Santo António/5 Min. mit dem Auto über die N 122

Castro Marim: Vom Castelo hast du einen prima Blick auf den Ort

Der 3300-Ew.-Ort steht voll und ganz im Zeichen seiner Burg(en). Im 14. Jh. war die befestigte „Burg am Meer" nämlich der Hauptsitz des mächtigen Christusordens, dem Anfang des 15. Jhs. Prinz Heinrich der Seefahrer vorstand. Die gut erhaltenen Ruinen des *Castelo (tgl. 9–17, im Sommer 9.30–18.30 Uhr | Eintritt 1,10 Euro)* erinnern im oberen Ortsteil von Castro Marim an diese glanzvolle Zeit und daran, dass die Festung bis ins 17. Jh. die Grenze zu Spanien bewachte. Alljährlich Ende August dient die Burg als Kulisse für die *Dias Medievais (Mittelaltertage)*, ein tolles historisches Fest. Von den Zinnenmauern aus zeigt sich auf einem Zwillingshügel die (nicht besuchbare) Schwesterburg *Forte de São Sebastião*, und der Blick fällt auf das weite Mündungsgebiet des Rio Guadiana und die Salinen. *R5*

12 RESERVA NATURAL DO SAPAL DE CASTRO MARIM

Infozentrum 8 km nördlich von Vila Real de Santo António/13 Min. mit dem Auto

Im Mündungsgebiet des Rio Guadiana liegt eines der wichtigsten Wattgebiete Portugals. Zwei Drittel der ca. 21 km² großen Fläche sind mit Wasser bedeckt – Zuhause und Brutgebiet vieler (Wasser-)Vogelarten, darunter Flamingos. Es wird von vielen Zugvögeln speziell im Winter aufgesucht. Birdwatching ist nahe dem *Infozentrum* (das sich unweit der Autobahnbrücke befindet) und um die Salinen herum möglich. *R5–6*

13 ALCOUTIM ★

40 km nördlich von Vila Real de Santo António/35 Min. mit dem Auto über die IC 27/N 122-1

Eine wunderschöne Strecke führt durch das einsame Hinterland, vorbei an der Talsperre von Odeleite, nach Alcoutim. Das Städtchen (1100 Ew.) hat sich einen stillen Charme bewahrt. Schnuckelig wirkt das *Castelo (tgl. 9–17, im Sommer bis 19 Uhr | Eintritt 2,70 Euro | 30 Min.)* aus dem 14. Jh. Interessant ist auch die *Igreja Matriz* aus dem 16. Jh., eine der ersten Renaissancekirchen der Algarve. Einen kleinen Einblick in das Leben der Menschen am Rio Guadiana und ihre Geschichte als Fischer und Schmuggler gewährt etwa 8 km südlich das *Museu do Rio (Di–Sa 9–13 u. 14–17 Uhr | Eintritt 2,70 Euro, Kombiticket mit anderen Einrichtungen wie z. B. dem Castelo | Guerreiros do Rio | 30 Min.).*

Per Fähre kommst du auch ruckzuck nach Spanien, von hier aus hast du sogar den besseren Blick auf das weiße Städtchen. Actionfans können von Spanien aus per Zipline den Fluss überqueren (s. S. 131). Im Süßwasser zu baden, und zwar im aufgestauten Fluss, ist besonders attraktiv am schön hergerichteten Badestrand *Praia Fluvial Pego Fundo* (ausgeschildert). Für die Einkehr eignet sich das Traditionsrestaurant *O Camané (Di geschl. | Mobiltel. 964 10 85 85 | €–€€)* am Dorfplatz oder die moderne „Tapas-Cafetaria" *Beira Rio (Di geschl. | Av. Duarte Pacheco 8 | Mobiltel. 963 13 90 28 | €).*

In Alcoutim beginnt der Fernwanderweg *Via Algarviana*, der über 300 km durch das Hinterland der Algarve bis zum *Cabo de São Vicente* führt. Doch auch in der Nähe gibt es schöne markierte Wanderwege. *R2*

SCHÖNER SCHLAFEN IM SOTAVENTO

RUSTIKAL ZWISCHEN DEN BERGEN UND DEM MEER

Wenn du richtig entspannen und abseits des Trubels unterkommen möchtest, ist die *Herdade da Corte (Sitio da Corte | Tel. 281 97 16 25 | herdadedacorte.com | €€)* im Hinterland von Tavira das Richtige für dich. Das Haupthaus entstand im späten 19. Jh. und war über viele Jahre ein landwirtschaftlicher Betrieb. Die heutige Hotelanlage mit den beiden Häusern Monte Lavrador und Monte Beleza verteilt sich über zwei Hügel des Barrocals, du bist wirklich mitten in der Natur. Es gibt nur 12 Zimmer, die direkt am Salzwasserpool liegen, und beim köstlichen Frühstück auf der Sonnenterrasse geht es entsprechend ruhig und gemächlich zu.

Tavira liegt lediglich rund 14 km entfernt, in einer Viertelstunde bist du in der Stadt. Auf Wunsch bekommst du in der Herdade auch ein wundervolles Abendessen serviert – absolut empfehlenswert!

DER BARLAVENTO

FELSBUCHTEN WIE IM BILDERBUCH

In allen Gelb- und Rottönen schimmern die bizarren Steilküsten der Felsalgarve – kein Wunder, dass diese Kulisse zu den schönsten Strandlandschaften Europas gehört und auf keinem klassischen Algarvefoto fehlen darf. Diese Klippen begrenzen die traumhaften Sandbuchten des „dem Wind zugewandten" Westteils der Algarveküste.

Wind und Wellen haben über Jahrtausende skurrile Formen in die weichen Kalksandsteinfelsen gemeißelt – die malerischen Bade-

Für ihre bizarren Felsen ist die Algarve berühmt: Ponta da Piedade

buchten mit dem klaren, türkisblauen Wasser sind oft nur über schmale Holztreppen zu erreichen. An manchen Stellen öffnet sich die Landschaft: An den Flussmündungen sind längere Sandstrände entstanden, meist in direkter Nähe zu den pulsierenden Touristenhochburgen, in denen du flanieren, shoppen und die Nacht zum Tag machen kannst. In Sachen Baden und Ausgehen ist der Barlavento ein wahres Eldorado, doch auch wenn du Wassersport-Action oder spektakuläre Küstenpfade zum Wandern suchst, bist du hier richtig.

DER BARLAVENTO

MARCO POLO HIGHLIGHTS

★ **ALBUFEIRA**
Ferienrummel mit Partyalarm und tollen Stränden ➤ S. 85

★ **NOSSA SENHORA DA ROCHA**
Fototraum mit weißer Kapelle auf gelbrotem Klippenvorsprung ➤ S. 90

★ **VILAMOURA**
Mondäner Yachthafen für die Reichen und Schönen ➤ S. 93

★ **PONTA DA PIEDADE**
Leuchtturm umgeben von skurrilen Grotten, Domen und Türmen aus ockerfarbenem Fels ➤ S. 72

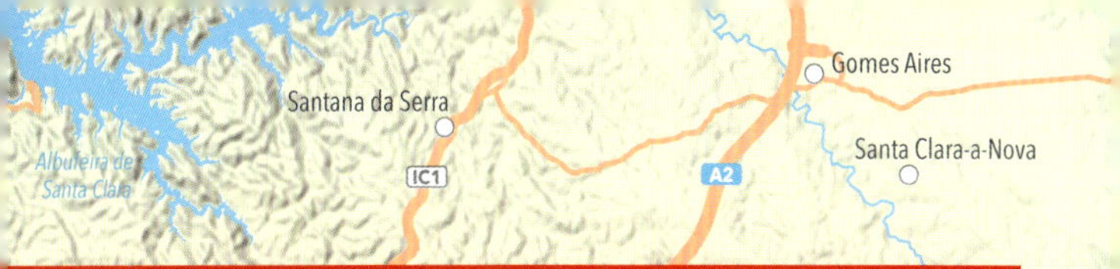

★ **FERRAGUDO**
Pittoresker Ort mit Fischerdorfambiente an der Arade-Mündung ➤ S. 82

★ **ALVOR**
Alte Fischerstadt mit Endlosstrand, Lagune und schnörkeligem Kirchenportal ➤ S. 82

★ **LAGOS**
Hafenstadt mit goldener Kapelle, spannender Geschichte und vielen Kneipen ➤ S. 68

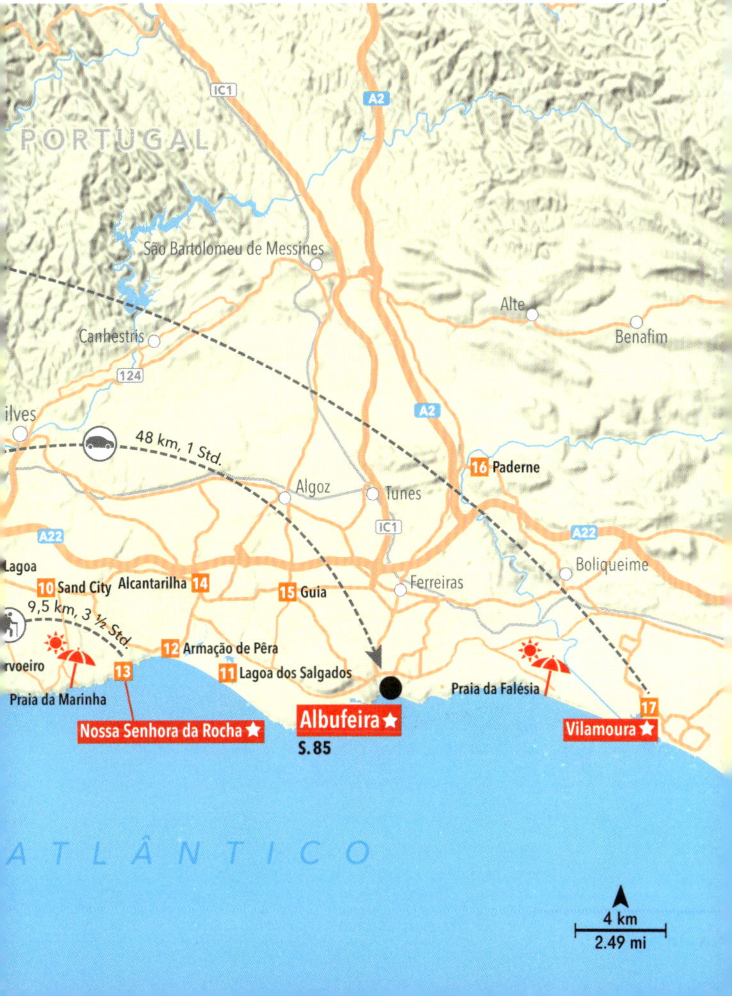

LAGOS

(🕮 E6–7) Herzlich willkommen in ★ Lagos! Flanier durch die lebhaften Altstadtgassen, geh am langen Sandstrand oder in kleinen Buchten baden und erkunde die einzigartigen Grotten und Felstürme der Ponta da Piedade vom Wasser aus – ein Traum! Abgesehen davon hat die einstige Hauptstadt der Algarve auch noch einiges an Historie und Kultur zu bieten.

Die Mündung des Flüsschens Ribeira de Bensafrim bot schon den Phöniziern einen gut geschützten Ankerplatz, in römischen Zeiten entstand dann hier die Stadt Lacóbriga. Heute ist Lagos (23 650 Ew.) die wichtigste Stadt im westlichen Teil der Felsalgarve. Wenn du durch die Altstadt, die noch fast komplett von einer Stadtmauer umschlossen ist, streifst, findest du so manche Hinweise auf die einstige Bedeutung des Orts. Vor allem Statuen erinnern an die spannenden Zeiten der Entdeckungsfahrten: Lagos war der letzte ruhige Hafen, den die Schiffe ansteuern konnten, bevor es auf den stürmischen Atlantik hinausging. Heinrich der Seefahrer schickte im 15. Jh. von hier aus seine Karavellen auf die Weltmeere, und zeitweise lief ein Großteil des portugiesischen Welthandels über Lagos. Doch hier begann auch der Niedergang dieser goldenen Epoche: 1578 hatte der junge König Sebastião die Wahnidee, den Islam in Marokko zu bekriegen. Mit 20 000 Soldaten zog er von Lagos aus los. Nur ein paar kehrten zurück, ihr König nicht. Portugal wurde daraufhin sechzig Jahre lang zur spanischen Provinz, und als es seine Selbstständigkeit wiedererlangte, hatten Engländer und Holländer das Kolonialreich zerpflückt. Spätestens nach dem verheerenden Erdbeben von 1755 versank das einst so wichtige Städtchen in der Bedeutungslosigkeit – bis es im 20. Jh. vom Tourismus wieder wachgeküsst wurde.

SIGHTSEEING

FORTE DA PONTA DA BANDEIRA

Na, da haben die Burgbauer im 17. Jh. ein gutes Händchen gehabt – die Lage dieser Piratenabwehrfestung in der Mündung des Hafenkanals könnte besser nicht sein. Dementsprechend grandios sind die Aussichten, die du über die Felsküste, den Sandstrand und die ein- und ausfahrenden Boote hast. Die Festung, die du über eine Zugbrücke betrittst, ist noch in ziemlich gutem Zustand. Innen gibt's neben wechselnden Ausstellungen auch eine mit Azulejos verzierte Kapelle zu bewundern. *Di–So 10–13 u. 14–18 Uhr | Eintritt 2 Euro, Kombiticket mit Museu Dr. José Formosinho 4 Euro | 20 Min.*

STADTMAUER

Ganz abwechslungsreiche Eindrücke von Lagos bekommst du, wenn du die erstaunlich gut erhaltene Stadtmauer abläufst. Sie stammt in dieser Form aus dem 16. Jh., es gab aber schon in römischen und maurischen Zeiten eine Stadtbegrenzung. Am repräsentativsten ist sie im kleinen Park *Jardim da Constituição* zwischen der Praça Infante Dom Henrique und dem schönen Mauerdurchgang *Arco de São Gonçalo*, der dem Stadtheiligen Gonçalo geweiht ist. Wenn du entlang der *muralha* im Westen der Stadt läufst, begegnen dir kaum noch Touristen. Die Altstadtgassen werden immer ruhiger, nur wenige Häuser haben sich herausgeputzt, und in den Grünanlagen hinter den Mauern spazieren die Einheimischen mit ihren Hunden. Nichtsdestotrotz lohnt es sich, dieses

Mächtige Mauern: die Hafenburg Forte da Ponta da Bandeira

„andere" Lagos kennenzulernen – allein schon, weil sich Künstler von nah und fern an so manchen Wänden immer wieder mit kreativer Street-Art verwirklichen.

PRAÇA INFANTE DOM HENRIQUE

Hier thront er, der allgegenwärtige Heinrich, der in Wahrheit gar kein Seefahrer war (ihm wurde schlecht auf See!), den Blick auf den Fluss und die ferne Meia Praia gerichtet. Mehrere historisch wichtige Gebäude reihen sich um die Praça mit ihrer kleinen Wasserspiellandschaft: In Richtung Meer erhebt sich der einstige *Gouverneurspalast*, in dem ab dem 14. Jh. die Algarve-Gouverneure regierten. Aus dem kleinen manuelinischen Fenster ganz rechts soll König Sebastian ein letztes Mal zum Volk gesprochen haben, bevor er sich in das fatale Nordafrika-Abenteuer stürzte, aus dem er nicht zurückkehrte und das Portugal erst einen leeren und dann einen spanischen Thron bescherte. Rechts daneben steht die barocke Pfarrkirche *Igreja Santa Maria*. Links neben dem großen weißen Zollgebäude an der Nordseite des Platzes befindet sich hinter den vier Arkaden der ehemalige *Sklavenmarkt*. 1444 fand hier der erste offizielle Verkauf von Menschen aus Schwarzafrika statt. Es war der Auftakt zum europäischen Sklavenhandel an der Schwelle zur Kolonialzeit. Über dieses düstere Kapitel der Stadt informiert das kleine interaktive Museum des *Mercado de Escravos (Di–So 10–12.30 u. 14–17.30 Uhr | Eintritt 3 Euro, Kombiticket mit Stadtmuseum 5 Euro | 30 Min.)*.

Apropos Sklaven: Beim Bau der Tiefgarage nördlich des Platzes fand man nicht nur 3000 Jahre alte Sandsteinquader des ersten, von phönizischen Händlern gebauten Hafenkais von Lagos, sondern auch menschliche Skelette afrikanischer Herkunft: Vermutlich wurden auf der Überfahrt gestorbene Sklaven hier einfach über Bord geworfen.

INSIDER-TIPP
Antike Hafenmauer im Keller

IGREJA DE SANTO ANTÓNIO/ MUSEU MUNICIPAL DR. JOSÉ FORMOSINHO

Manche nennen das Stadtmuseum von Lagos auch „Dachbodenmuseum" – hier wurde scheinbar alles ausgestellt, was man auf den Dachböden der Stadt gefunden hat. Doch auch wenn es wirklich ein Sammelsurium an Exponaten ist, lohnt sich das Stöbern in der abwechslungsreichen Ausstellung, die gerade frisch renoviert und erweitert wurde.

Es gibt Fundstücke aus römischen und islamischen Zeiten, Münzen, sakrale Kunst, Gemälde, Trachten, Modelle aus der Landwirtschaft und Fischerei und und und. Doch das Highlight ist eindeutig die barocke *Antoniuskapelle* aus dem 18. Jh., die nur durch das Museum zugänglich ist. Mit ihrer üppigen *talha dourada* (vergoldetem Schnitzwerk) und den Azulejos ist sie zumindest von innen eine der prächtigsten der Algarve. Die Gemälde an den Seitenwänden zeigen die Wunder des in Portugal äußerst beliebten Heiligen Antonius von Padua, der 1195 in Lissabon geboren wurde. *Di–So 10–13 u. 14–18 Uhr | Eintritt*

Da thront er: Heinrich der Seefahrer auf der zentralen Praça Infante Dom Henrique

3 Euro | Rua General Alberto Carlos da Silveira 1 | 1Std.

PRAÇA GIL EANES

Dieser Platz kann zu Verwirrungen führen, und zwar nicht nur, weil es eine zu große Auswahl an Cafés und Shoppinggassen rundherum gibt. Nein, es geht um die Namensgebung und die Statue: Benannt ist der Platz nämlich nach dem in Lagos geborenen Seefahrer Gil Eanes, der 1434 – motiviert durch Heinrich den Seefahrer höchstpersönlich – als Erster das Kap Bojador umsegelte. Ihm ist eine Bronzestatue neben der Stadtmauer im *Jardim da Constituição* gewidmet.

Doch die Statue in der Mitte der Praça Gil Eanes gedenkt einer anderen, weitaus tragischeren Persönlichkeit: König Sebastian. Der häufiger nicht ganz verstandene Bildhauer João Cutileiro schuf 1970 diesen kindlichen König, der eher einem Astronauten oder dem Kleinen Prinzen gleicht als einem übermütigen Herrscher.

CENTRO DE CIÊNCIA VIVA

Drehen, schrauben, kurbeln – und immer wieder staunen: In dem interaktiven Wissenschaftsmuseum – untergebracht in einem rosa-bunten Gebäude aus dem 17. Jh. – erfahren die Kleinen drinnen und draußen spielerisch, was es mit den Entdeckungsfahrten der Portugiesen auf sich hatte, wie man auf hoher See kommuniziert und wie beispielsweise ein U-Boot funktioniert. *Di–So 10–18 Uhr | Eintritt 5 Euro,*

Kinder (6–17 J.) 2,50 Euro | Rua Dr. Faria e Silva 34 (oberhalb der Markthalle) | lagos.cienciaviva.pt | ⏲ *1 Std.*

PONTA DA PIEDADE ★

Hier gibt's Bilderbuch-Algarve in allen (Fels-)Formen und Farben! Die herrliche Küstenlandschaft der „Landzunge der Frömmigkeit" lässt sich wunderbar zu Fuß erkunden (Kamera nicht vergessen!): Schmale Pfade und nagelneue Holzstege führen an der roten, bis zu 40 m hohen Felskante entlang, über steile Treppen erreichst du Strandbuchten wie die *Praia Dona Ana* oder die *Praia do Camilo*. Doch das Hightlight ist der Leuchtturm an der Spitze der Landzunge: Er thront über zerklüfteten Felswänden mit bizarren Grotten und Höhlen, Domen und Türmen. Eine Steintreppe führt hinab zu einer spektakulären Bootsanlegestelle inmitten einer Grotte, in der du bei passender Tide zu einer Bootstour entlang der Küste starten kannst.

ESSEN & TRINKEN

O ALBERTO

Dass hier noch ehrlich gekocht wird, kannst du selbst mitanschauen: Albertos Wirken in der Küche ist meistens spannender als das Fernsehprogramm, das in dem typisch portugiesischen Restaurant natürlich nicht fehlt. Dona Odette serviert die köstlichen *cataplanas* sowie Fisch- und Fleischgerichte. *So geschl. | Largo Convento Senhora Glória 27 | Tel. 282769387 | restauranteoalberto.pt | €€*

CANTINHO ALGARVIO

In dem sympathischen, alteingesessenen Restaurant in der Fußgängerzone ist es oft schwierig, einen Platz zu bekommen. Wenn du die leckeren Fisch-

Bequemer geht's kaum: Eine breite Treppe bringt dich hinunter zur Praia do Camilo

und Meeresfrüchtegerichte dort probiert hast, weißt du auch, warum! *So geschl. | Rua Afonso D'Almeida 17 | Tel. 282 76 12 89 | facebook: O Cantinho Algarvio | €€*

JUKEBOX

Lust auf *petiscos* (also Tapas)? Dann schnell per Whatsapp reservieren und auf in die Jukebox – hier kannst du dich durch mundgerechte Portionen portugiesischer Köstlichkeiten probieren. Auch für Vegetarier gibt's genügend Auswahl. *Mo u. mittags geschl. | Rua Soeiro da Costa 40a | Tel. 910 57 10 11 | facebook: jukeboxbudget | €*

SHOPPEN

In der Altstadt reiht sich ein Lädchen an das nächste, vieles ist Kitsch, aber in manchen Boutiquen lassen sich wirklich hübsche Sachen finden. Besonders tolles Kunsthandwerk aus Keramik gibt's in der *Galeria JJ Mealha (Rua Dr. José Cabrita 3 | facebook: MealhaCeramics)*. Ein lohnendes Ziel für Frisches ist die *Markthalle (Av. dos Descobrimentos)*: Unten gibt es Fisch, oben Obst und Gemüse und ganz oben, auf der Dachterrasse, die Aussicht auf die Marina.

STRÄNDE

Östlich von Lagos breitet sich die *Meia Praia* aus – der kilometerlange dünengesäumte Strand verläuft hinter der Bahnlinie (die aber nicht stört) und reicht bis zur Ria de Alvor. (Wind-)Surfer lieben hier die ausrollenden Wellen. Gleich neben der Hafenburg beginnen die von Felsen eingerahmten Strände der Ponta da Piedade, von der *Praia Dona Ana* (ein Bilderbuchstrand mit bizarren Felsen) bis zur *Praia do Camilo*.

Westlich der Ponta liegt *Porto de Mós*, eine größere, von Klippen umrahmte Bucht mit schönem Strand. Die *Praia da Luz* ist ebenfalls weitläufig und im Sommer immer gut besucht. Je weiter du dann nach Westen fährst, desto einsamer und naturbelassener werden die Strände.

SPORT & SPASS

Überall in Lagos kannst du im Sommer Ausflüge zu den Grotten der Ponta da Piedade buchen: Ob ganz entspannt per Segelboot mit *Bom Dia Boat Trips (bomdiaboattrips.com)* oder sportlich per Kajak (z. B. *kayak-lagos.com*) oder Stand-up-Paddling,

(z. B. *nowhere2far.com*) – diese Felsküste musst du einfach erkunden! Auch unter Wasser gibt es einiges zu sehen, abtauchen kannst du z. B. mit dem Team von Elmar und Ute *(blue-ocean-divers.eu)*. Wie wär's mal mit einer gepflegten Runde Minigolf?

INSIDER-TIPP
Minigolf auf dem Dach

Neben dem Westtor der Stadtmauer thront auf dem Dach eines Parkhauses ein liebevoll angelegter Putting-Garten, dekoriert mit ansehnlichen Skulpturen und hübschen Teichbecken *(pro puttinggarden.com)*.

AUSGEHEN & FEIERN

In den Gassen nördlich der Praça Infante Dom Henrique und auf dem Deck des Parkhauses geht abends die Post ab: Hier ist die Bar- und Musikcafé-Dichte am höchsten, aus vielen Locations klingt wochenends (vor allem im Sommer) groovy Livemusik. Wenn du dich nett unterhalten und einen Cocktail schlürfen möchtest, mach einen Abstecher zu Rick und Rozy von *The Star (Mi–Mo 18–2 Uhr | Travessa 1 de Maio 9 | facebook: TheStar.Lagos)*. Montag ist Quiz Night, Samstag Rock Night und Sonntag gibt's Karaoke!

RUND UM LAGOS

1 BARRAGEM DA BRAVURA

15 km nördlich von Lagos/20 Min. mit dem Auto über die N 125/N 125-9

Ein – vor allem im Frühjahr, wenn die Wiesen blühen – reizvoller Weg führt dich über Odiáxere zu dem 1958 eingeweihten Stausee. Er ist umringt von bewaldeten Hügeln, und du kannst hier wunderbar wandern und picknicken. *D-E5*

2 ZOO DE LAGOS

12 km nordwestlich von Lagos/17 Min. mit dem Auto über die N 125/M 532-1

Exotische Tiere, Vögel und Affen – in diesem schön angelegten und liebevoll gepflegten Privatzoo leben sie alle verhältnismäßig artgerecht, in einem Bereich hüpfen beispielsweise die Kängurus frei herum. Auf den Wegen stolzieren dir Pfauen entgegen, und am kleinen See stehen Flamingos auf einem Bein. Im Streichelzoo können junge Zoobesucher dann auf Tuchfühlung mit den tierischen Bewohnern gehen. *Sítio do Medronhal | Barão de São João | April–Sept. tgl. 10–19 Uhr, Okt.–März tgl. 10–17 Uhr | Eintritt 18 Euro, Kinder 4–11 J. 14 Euro | zoolagos.com | D6*

3 LUZ

8 km westlich von Lagos/12 Min. mit dem Auto über die N 125

Bei Luz (4450 Ew.) denken viele Algarvios als Erstes an Maddie, das kleine britische Mädchen, das hier 2007 verschwand. Dabei hat Luz wahrlich anderes zu bieten: allem voran einen fantastischen Strand, aber auch ein hübsches Kirchlein, eine Reihe einladender Lokale und eine wirklich nette, laternen- und palmenflankierte Strandpromenade, an der sich auch eine kleine römische Ausgrabungsstätte befindet. D7

4 BURGAU

13 km westlich von Lagos/20 Min. mit dem Auto über die N 125

In dem alten, vor allem im Vergleich zum viel touristischeren Luz noch überraschend ursprünglichen Fischerdorf triffst du auf einen kleinen Badestrand und nette Einkehrmöglichkeiten in den Dorflokalen. In der Umgebung gibt es noch ganz viel unberührte Natur, du kannst beispielsweise an der Steilküste entlang zur Burgruine *Forte de Almádena* aus dem 17. Jh. nahe der *Praia da Boca do Rio* wandern (ca. 3 km). Funde belegen, dass an dieser kleinen Flussmündung schon die Römer gesiedelt haben. D7

5 SALEMA

20 km westlich von Lagos/25 Min. mit dem Auto über die N 125

In diesem in einem kleinen Tal gelegenen Küstendorf ist es so idyllisch, dass sogar schon Dinos hier vorbeigekommen sind – sie hinterließen Fußabdrücke im Stein am Strand. Salemas fantastischer, langgeschwungener Strand wird von zwei Felsmassiven flankiert. Ein schönes Plätzchen für ein Sonnenuntergangs-Dinner mit Strandblick bietet das *Restaurante Boia (Mo geschl. | Rua dos Pescadores 101 | Tel. 282 69 53 82 | facebook: boiabar | €€).* C7

Entspannte Urlaubsatmosphäre: Strandpromenade von Luz

PORTIMÃO

(📖 F6) **Spannend ist sie, die neben Faro zweite „richtige" Großstadt der Algarve. Weil sie so viele verschiedene Gesichter hat: Vorne am Meer erstrahlt die wundervolle Praia da Rocha im Sonnenlicht, am Rio Arade stößt du auf regen Bootsverkehr und ein tolles Museum, und im historischen Zentrum erlebst du eine ganz normale, größtenteils untouristische, hier und da sogar etwas morbide Innenstadtatmosphäre.**

Portimão (49 200 Ew.) erscheint mit seinen gesichtslosen Neubauten und den Schnellstraßen auf den ersten Blick irgendwie unschön, unübersichtlich und herb. Doch wenn du dich etwas genauer umschaust, findest du viele tolle Ecken, und das nicht nur am Strand von *Praia da Rocha*. Wirklich hübsch ist z. B. der Stadtgarten *Jardim Visconde Bivar* an der palmengesäumten Zona Ribeirinha am Flussufer. Dass man hier an der Arade-Mündung gut anlegen kann, wussten schon die Phönizier. Die Römer nannten die Siedlung dann „Portus Magnus" – großer Hafen.

Und heute? Der Yachthafen gehört zu den größten Portugals, und wer mit dem Kreuzfahrtschiff an die Algarve kommt, legt in Portimão an. Noch immer spielen kleine Werften und die Fischindustrie eine Rolle, auch wenn es inzwischen nur noch zwei Konservenfabriken gibt. Doch allein an dem inbrünstig gefeierten „Sardinenfest" im August wird deutlich, was den Menschen hier wichtig ist.

Im Museu de Portimão erfährst du auch, wie die Sardine in die Dose kommt.

SIGHTSEEING

MUSEU DE PORTIMÃO

Industriekultur vom Feinsten! Das architektonisch fantastisch in die alte Fischkonservenfabrik integrierte Stadtmuseum ist unbedingt einen Besuch wert – nicht nur, wenn es regnet! Hier kannst du sehen, sowohl an den alten Maschinen als auch in einem eindrucksvollen Film aus dem Jahr 1946, wie die Konservenindustrie funktionierte und wie die Frauen (!) die Sardinen in die Büchsen packten, nachdem die Männer den Fang an Land gebracht hatten. Du erfährst auch allerlei Spannendes über den Fischfang, die Landwirtschaft und über prähistorische Bewohner der Region. Im Obergeschoss und in der al-

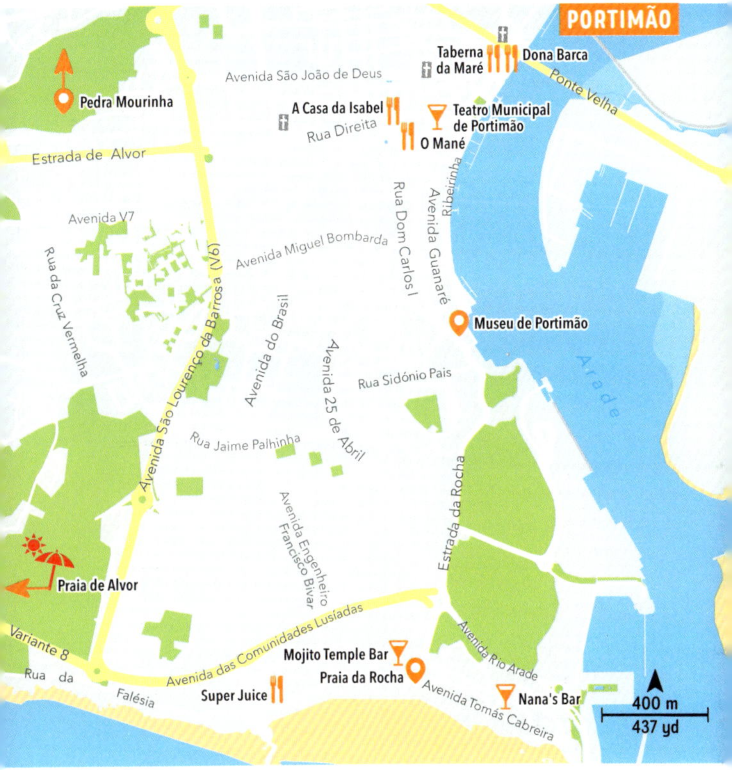

ten Zisterne im Keller gibt es wechselnde Ausstellungen. *Di 14.30–18 (Aug. 19.30–23), Mi–So 10–18 (Aug. Mi–Sa 13–23 u. So 15–23) Uhr | Eintritt 3 Euro, So vorm. (im Aug. nachm.) Eintritt frei | Rua Dom Carlos I | museudeportimao.pt | 1½ Std.*

PRAIA DA ROCHA

Wer vom „Strand des Felsens" spricht, meint nicht nur den fantastischen, langen und breiten Sandstrand, quasi Portimãos Badewanne am Atlantik, sondern ein ganzes Stadtviertel, das sich Anfang des 20. Jhs. als mondänes Seebad mit Jugendstilvillen rund um das erste Spielkasino der Algarve entwickelte. Über die Jahrzehnte wurde es mit sehr viel Beton leider ziemlich verunstaltet. Trotzdem: Du kannst kilometerlang am Strand entlangflanieren, hast unzählige Einkehr- und Ausgehmöglichkeiten, und im Sommer gibt's richtig Remmidemmi. Im Osten, im Mündungsbereich des Rio Arade, hast du von der Hafenfestung *Fortaleza de Santa Catarina* aus dem 17. Jh. einen tollen Blick über die moderne Marina und hinüber nach Ferragudo auf der anderen Flussseite. Am westlichen Strandende bietet der *Miradouro dos Três Castelos* auf einer Felsnase herrliche Aussichten über die *praias*.

PEDRA MOURINHA

Wenn du mal etwas ganz Kurioses sehen willst, fahr ins Gewerbegebiet *Pedra Mourinha*: In der Rua da Pedra 5 liegt ein etwa vier Meter langer Felsbrocken auf dem Bürgersteig. Erdgeschichtlich gesehen gehört der Brocken aus der Jungsteinzeit eigentlich ins Monchique-Gebirge. Wie er hier herkam? Keine Ahnung! Der Volksmund hat natürlich eine super Erklärung: Eine maurische Prinzessin liebte ganz unstandesgemäß einen Bauernjungen, doch als ihr Vater, der König, davon hörte, schickte er ihn in den Krieg – der Junge starb nahe Monchique. Die Tränen der Prinzessin flossen bis Portimão, wo sie für immer zu Stein erstarrten. Kein Happy End.

INSIDER-TIPP
Fels auf Abwegen

ESSEN & TRINKEN

TABERNA DA MARÉ

In dieser urigen Taverne zeigen alte Fotos, wie Portimão früher mal aussah. Zu essen gibt's unter anderem köstlichen Tintenfisch. *Mo/Di geschl.* | *Travessa da Barca 9* | *Tel. 282414614* | *facebook: tabernadamare* | *€–€€*

DONA BARCA

Unter der alten Arade-Brücke geht es grillheiß zu, vor allem bei „Frau Kahn". Es gibt tagesfrischen Fisch und im Sommer die besten gegrillten Sardinen des Orts. *Tgl.* | *Largo da Barca* | *Tel. 282484189* | *facebook: Dona Barca* | *€€*

A CASA DA ISABEL

Der Besuch dieses winzigen, traditionsreichen Cafés und Teehauses lohnt sich schon wegen seiner schmucken Azulejo-Fassade. Und erst die Unmengen an hausgemachten Leckereien ... wirklich ein Traum! Probier unbedingt mal Isabels *Trilogia Algarvia* – eine wunderbare süße Verführung aus Johannisbrot, Mandeln und Feigen. *Tgl.* | *Rua Direita 61* | *Tel. 282484315* | *acasadaisabel.com* | *€*

INSIDER-TIPP
Hüftgold in drei Akten

O MANÉ

Die Einheimischen lieben die Grillgerichte in dem untouristischen Lokal, vor allem den Fisch. Hier findest du u.a. eine richtig gute *Massada de Pei-*

Egal, was hinter dir liegt, der Blick aufs Meer ist prima vom Miradouro dos Três Castelos

xe, einen saftigen Nudel-Fisch-Eintopf oder auch *Carne de Porco à Alentejano* – Schweinefleisch mit Muscheln. *So-Abend u. Mo geschl. | Largo Doutor Bastos 1 | Tel. 2 82 42 34 96 | facebook: Restaurante O Mane | €–€€*

SUPER JUICE

INSIDER-TIPP So ein Saftladen!

Klar, das Team um Luís und Anna mixt dir oberköstliche, frische Smoothies und Säfte. Aber es versorgt dich zudem mit reichhaltigen (Protein-)Shakes, fruchtigen Açaí-Bowls und gesunden (auch veganen) Snacks. Und solltest du ordentlich Hunger haben, bestellst du mit einer deftigen „Buddha Bowl" eine üppige Mahlzeit zum Sattwerden. *Mo u. ab 20 Uhr geschl. | Avenida Tomás Cabreira, Edif. Casa da Praia, Loja 16 | Mobiltel. 9 26 85 44 18 | rochasuperjuice.com | €*

SHOPPEN

In den Fußgängerzonen Rua do Comércio und Rua João de Deus kannst du in zahlreichen Geschäften stöbern, ganz nebenbei lernst du auch das historische Zentrum Portimãos kennen. Die städtische Markthalle *(Mo–Fr 7–14 u. 17–20, Sa 7–14 Uhr | Avenida São João de Deus)* ist die derzeit modernste der Algarve, hier findest du viel Frisches aus dem Meer und von den Feldern. Im *Parque de Feiras e Exposições* jenseits der Eisenbahnlinie findet jeden 1. Mo im Monat ein großer Regionalmarkt statt, jeden 1. und 3. So im Monat ist Flohmarkt. Das *Aqua Portimão* ist ein riesiges Shoppingcenter mit mehr als 130 Shops, Kinos, Restaurants, einem großen Supermarkt und dem ganzen Programm; unübersehbar liegt es an der Einfahrtstraße nach Portimão.

STRÄNDE

Klar, das Aushängeschild der Stadt ist die weitläufige *Praia da Rocha* mit ihrem feinen Sand und dem langen Holzstegweg vor den Strandcafés. Hier geht im Sommer die Post ab, auch was Beachvolleyball und Wassersport angeht.

Weiter Richtung Westen findest du herrliche, von Felsen geschützte Buchten wie die *Praia dos Três Castelos,* die *Praia do Vau* oder die *Praia do Alemão*, aber auch winzige, nur schwer zugängliche Abschnitte – wie etwa die *Praia do Caniço* mit der schön zwischen den Felsen am Strand gelegenen Restaurant-Bar *Caniço (April–Okt. | Tel. 282458503 | canicorestaurante.com | €€)* im Bereich der Ferienanlage Prainha –, bis sich die Küstenlandschaft bei Alvor wieder öffnet. Hier beginnt mit der *Praia de Alvor* ein schier endloser Sandstrand, den du nicht nur auf der Meerseite der Düne, sondern auch auf der Lagunenseite entlangwandern kannst – mit herrlichen Blicken über die Ria de Alvor und auf die hier das ganze Jahr über lebenden oder überwinternden Vögel.

SPORT & SPASS

Ab aufs Meer! Du kannst tolle Bootsfahrten entlang der Grotten oder flussaufwärts bis nach Silves unternehmen, die Anlegestellen der Ausflugsschiffe liegen am Ufer nahe dem hübschen Stadtgarten *Jardim Visconde Bivar*. Etwas Besonderes ist eine Fahrt auf

Alle Mann an Bord! Wie wär's mit einem Segeltörn auf der „Santa Bernarda"?

dem zu einer (Piraten-)Karavelle umgebauten Kutter *Santa Bernarda (39,50 Euro, Kinder (3–10 J.) 21 Euro, bei Online-Buchung 10 % Rabatt | Abfahrt 9.45 u. 14.30, im Winter 13.30 Uhr | Mobiltel. 967 02 38 40 | santa-bernarda.com)*, der Zweimaster legt am *Cais Vasco da Gama* ab, fährt bis vor die Küste, wo die Passagiere dann in Schlauchbooten auf spannende Höhlenexpedition gehen. Für Romantiker empiehlt sich die Sunsettour am späten Nachmittag (nur im Hochsommer). Du möchtest Fische und Felsen unter Wasser sehen? Dann ist ein Schnorcheltrip das Richtige. Besonders persönlich und abwechslungsreich sind die Höhlentouren mit Inês und Pedro von *Zip & Trip (3-Std.-Tour 35, 1/2 Tag 55 Euro | Tel. 929 25 93 48 | zipandtripalgarve.com)*.

Wen es nicht aufs Meer, sondern hoch in die Lüfte zieht, auf den wartet ein riesiges Abenteuer: In Montes de Alvor gibt's einen Flugplatz, der vor allem von den *Sky-Dive-Centern (ab 129 Euro | Tel. 914 26 68 32 | skydivealgarve.com)* genutzt wird und wo du dir einen Lebenstraum erfüllen kannst: Im Tandem gemeinsam mit einem erfahrenen Fallschirmspringer springst du in luftigen 4000 Metern aus dem Flugzeug – ein unvergessliches Erlebnis.

INSIDER-TIPP **It's raining men!**

Ein Paradies für Kinder (und wasserfreudige Erwachsene!) ist der *Rutschenpark Slide & Splash (April–Okt., Öffnungszeiten variieren von Monat zu Monat, siehe Website | Eintritt 30 Euro, Kinder (5–10 J.) 20 Euro | Lagoa | slidesplash.com | Plane am besten einen ganzen Tag ein!)* Manche der beeindruckenden Riesenrutschen sind ganz schön wild … – deshalb ein Tipp für die Ladys: Zieht einen gut sitzenden Bikini oder noch besser einen Badeanzug an!

INSIDER-TIPP **Sicher auf die Rutsche …**

AUSGEHEN & FEIERN

MOJITO TEMPLE BAR

Wie der Name schon sagt: Hier bekommst du hervorragenden Mojito! Abgesehen davon wird leidenschaftlich getanzt, vor allem zur angesagten Kizomba- oder Salsamusik. *Mi–So 22–4 Uhr | Rua António Feu | Praia da Rocha | facebook: mojitotemplebar*

NANA'S BAR

Hier trifft sich die Jugend Portimãos auf ein Bier oder einen Gin Tonic. Das Ambiente ist entspannt, das Personal überaus freundlich und die Preise zeigen, dass die Bar vor allem für Einheimische und weniger für Touristen gedacht ist. Manchmal steigen auch Mottopartys. *Tgl. 13–4 Uhr | Rua José Bivar | Praia da Rocha | facebook: Nanas Bar*

TEATRO MUNICIPAL DE PORTIMÃO

Im TEMPO, im ehemaligen Stadtpalais Sárrea, finden Kulturevents aller Art statt: Theater, Tanz, Chanson, Fado, Marionettentheater, Klassikkonzerte usw. Auch im zugehörigen *Café Concerto* gibt es manchmal Livemusik. *Largo 1° Dezembro | Tel. 282 40 24 75 | teatromunicipaldeportimao.pt*

RUND UM PORTIMÃO

6 ALVOR ★

7 km westlich von Portimão/10 Min. mit dem Auto über die M 531

Die Lagunenlandschaft *Ria de Alvor* steht unter Naturschutz und ist die Seele der ganzen Umgebung. Zwar hat man auch im Fischerort Alvor (6300 Ew.) am Ostrand der Ria etliche Hotelblöcke hochgezogen, aber eine angenehme Stimmung ist geblieben, das spürst du gleich beim Bummeln. Statte unbedingt der hübschen Dorfkirche, der *Igreja Matriz* aus dem 16. Jh., einen Besuch ab, hier kannst du filigrane, in Stein gehauene Details aus der manuelinischen Zeit bewundern. Sowohl in der Altstadt als auch an der lauschigen *Zona Ribeirinha* mit seiner breiten Uferpromenade gibt's viele (oft eher touristische) Einkehrmöglichkeiten. Bestens bedient wirst du in der urigen *Adega d'Alvor (Di geschl. | Rua Marquês de Pombal 50 | Tel. 282457407 | adegadalvor.pt | €€-€€€)*, vor allem mit Meeresfrüchten. Am Fischerhafen starten verschiedene Bootstouren durch die Lagune und aufs Meer hinaus. Ein wahrer Traumstrand ist die *Praia de Alvor* (s. S. 80). *F6*

7 FERRAGUDO ★

5 km südöstlich von Portimão/10 Min. mit dem Auto über die Ponte Velha

Das kleine Fischerstädtchen (2000 Ew.) schmiegt sich mit seinen weißen Häusern an einen Hügel am Arade-Ufer – und bietet mit dieser Ansicht den Kontrast zur Hochhauslandschaft der gegenüberliegenden Praia da Rocha. Ferragudo hat es geschafft, sich seinen malerischen Charme zu bewahren. Am auf Flusshöhe gelegenen Hauptplatz Praça Rainha Dona Leonor, an der Rua 25 de Abril und am *cais* (Rua Infante Santo) gibt's eine Reihe netter Cafés, Grilllokale und Musikkneipen. Steig aber auch mal durch die labyrinthischen Gassen und Treppen hinauf zur *Kirche*, denn von hier oben hast du eine tolle Aussicht auf den Fluss und Portimão. Zum Baden geht es an die schönen Strände *Praia da Angrinha* oder die *Praia Grande*, die durch die (private) Hafenburg *São João* voneinander getrennt sind. Von der *Praia do Molhe* kannst du auf die weit ins Meer reichende Mündungsmole hinausspazieren. Wunderbare

Küstenblicke hast du auch vom hübschen Leuchtturm *Farol da Ponta do Altar* aus dem Jahr 1893. Über den frisch angelegten Naturpfad *Caminho dos Promontórios* kannst du an der felsigen Küste entlang bis nach Carvoeiro wandern (7 km) F6

8 LAGOA

10 km östlich von Portimão/15 Min. mit dem Auto über die N 125

Die meisten Urlauber kennen den Ort nur, weil sie schieben sich in Lagoa durch die oft verstopfte Durchgangsstraße N 125 schieben – nicht ahnend, was für Schätzchen die Kreisstadt (7200 Ew.) zu bieten hat. Parken kannst du gut auf dem großen Parkplatz vor der Weingenossenschaft *Adega Cooperativa do Algarve*. Probier ruhig mal deren feine Weine – ein besonders schöner Ort dafür ist der loungige Eingangsbereich der ambitionierten privaten Kunstgalerie *Lady in Red Galeria de Arte* (*Mo–Sa 10–17 Uhr | galerialadyinred.com*).

INSIDER-TIPP
1A-Gemälde und feiner Algarvewein

Nun machst du noch einen Bummel durch die mit rotem Flüsterasphalt dekorierten Gassen des alten Ortskerns – er ist erfrischend untouristisch und erstaunlich gut erhalten. Die meisten Gebäude stammen noch aus dem 18. Jh., so wie die barocke *Igreja Matriz* oder das heute als Kulturzentrum genutzte *Convento de São José*. Ein Schmuckstück ist die kleine *Markthalle* im Osten der Altstadt. Wenn der kleine Hunger ruft, statte am besten der Wein-und-Tapas-Bar *Tapas no Bucho (So geschl. | Rua Teofilo de Braga 1 | Mobiltel. 964 15 79 29 | facebook: tapasnobucho | €–€€)* in der Fußgängerzone einen Besuch ab. Die Köstlich-

Eines der schönsten Örtchen der Algarve: Ferragudo

Was die Natur für Kunstwerke erschafft: Algar Seco

keiten werden in dem engagierten Familienbetrieb aus regionalen Produkten hergestellt – die kleinen Portionen erlauben dir, dich kreuz und quer durch die Speisekarte zu probieren. Ein Genuss! *G6*

9 CARVOEIRO

11 km östlich von Portimão/20 Min. mit dem Auto

Noch im späten 20. Jh. gaben Fischer den Ton am „Strand der Köhler" an, längst steht jedoch alles unter dem Stern des Tourismus. Normalerweise leben hier 2800 Einwohner, im Sommer vervielfacht sich die Anzahl der Menschen im Ort, mit seinen zahlreichen Einkehrmöglichkeiten und den weitläufigen Ferienanlagen rundherum ist er dann fest in der Hand der Urlauber – vor allem deutscher. Doch wenn du dir die verträumten Strandbuchten der Gegend anschaust, allen voran die wundervolle *Praia da Marinha*, verstehst du, warum die Ecke so beliebt ist. Du kannst die einzigartige Küstenlandschaft und viele der (oft noch einsamen!) Buchten auch erwandern, vor allem in Richtung *Armação de Pêra* führen schöne Pfade an den Klippen entlang.

INSIDER-TIPP
Auf dem Holzweg zum Felsgully

Auf keinen Fall verpassen solltest du den aussichtsreichen Holzstegweg von Carvoeiro zum *Algar Seco* (gut 1 km), einer besonders bizarren Felsformation mit Höhlen, Bögen, Fenstern und Türmen. Hier kannst du in der netten *Boneca Bar* *(März–Okt. | Tel. 282358391 | facebook: RestauranteBonecaBar | €–€€)*

zwischen den rot leuchtenden Felsen einkehren und die herrliche Kulisse genießen. Im Zentrum Carvoeiros begeistert Jota Lita *(So geschl. | Estrada do Farol 28 | Mobiltel. 935045455 | €€)* seine Gäste seit 1988 mit ausgefallenen, hervorragend zubereiteten Seafood-Kreationen, und auch Vegetarier werden hier glücklich. *G7*

10 SAND CITY

12 km östlich von Portimão/16 Min. mit dem Auto über die N 125

Hier toben sich erwachsene Sandburgenbauer aus. Auf dem Gelände in der Nähe von Lagoa erschaffen internationale Künstler alljährlich riesige Skulpturen und Landschaften aus Sand – beim größten Sandskulpturen-Festival der Welt.

SIDER-TIPP Nachts in Sandwelten

Abends (Juni–Sept.) werden die Figuren beleuchtet, das schafft eine wundervolle Atmosphäre! *April–Okt. | Eintritt 11,90 Euro, Kinder (6–12 J.) 4,90 Euro, beim Online-Kauf 10% Rabatt | sandcity.pt | G6*

ALBUFEIRA

(J7) **Auf den ersten Blick mag das einstige Fischerdorf wie eine wenig reizvolle, zugebaute Feriengroßstadt wirken – vor allem im Hochsommer, wenn Zigtausende (Party-)Touristen über den Ort mit seiner lebhaften Ausgehszene herfallen. Doch es ist gut möglich, dass du auf den zweiten Blick anfängst, ★ Albufeira mit seinen tollen Stränden mitten in der Stadt und in der näheren Umgebung zu lieben.**

Albufeira (28 650 Ew.) hat als Urlaubsdomizil einige unschlagbare Vorteile gegenüber anderen Orten – allen voran die zentrale Lage im Herzen der Algarve, die einen hervorragenden Ausgangspunkt für Ausflüge in alle Richtungen bietet. Aber auch das große Angebot an Lokalen und Lädchen in der Innenstadt, in der du wunderbar bummeln, stöbern und einkehren kannst, ist ein echter Pluspunkt, wenn du es lebhaft magst. Und dann gibt es da ja noch den legendären „Strip": Diese Straße der Bars und Clubs ist der Inbegriff des pulsierenden Nachtlebens an der Algarve. Kurzum: Hier kannst du feiern – wenn du dich von Junggesell(inn)enabschieden und Kegelclubs nicht abschrecken lässt. Trotz allen Rummels findest du auch in Albufeira ein paar ruhige Ecken: in den pittoresken Gassen des hoch über dem Stadtstrand *Praia do Peneco* gelegenen Altstadtviertels oder im kleinen Stadtpark *Parque de Vale Faro* etwas nordöstlich der *Praia do Inatel*.

SIGHTSEEING

Ein paar winzige Spuren aus der maurischen Zeit, aus der auch der Ortsname (*Al-Buheira:* die Lagune) stammt, findest du noch im historischen Altstadtkern hoch über dem Stadtstrand: Hier oben befand sich einst eine Burg zur Befestigung der Siedlung. Von der Rua da Bateria am Klippenrand hast du einen herrlichen Blick über die Strände und die Felsküste. An der kleinen *Misericórdia-Kapelle* kannst du noch ein gotisches Portal bewundern, das vom Erdbeben 1755 verschont blieb. Das *Museu Municipal de Arqueologia (Mo geschl. | Eintritt 1 Euro | Praça da República 1)* ist im ehemaligen Rathaus untergebracht und zeigt unter anderem Funde aus der römischen und maurischen Epoche.

Noch nicht genug Historie? Westlich der Fußgängerstraße Rua 5 de Outubro gibt's drei hübsche Kirchen zu besichtigen: die Pfarrkirche *Igreja Matriz* (18. Jh.), die kleine, eigentlich als Museum genutzte *Igreja de São Sebastião (Museum vorübergehend geschl.)* mit ihrem manuelinischen Seitenportal und die barocke *Igreja de Sant'Ana*. Einen tollen Blick über Albufeira hast du vom *Miradouro Pau da Bandeira* östlich der *Praia dos Pescadores* – eine Rolltreppe bringt dich hoch zum Aussichtspunkt.

ESSEN & TRINKEN

STEWS & MORE

Lass dich nicht vom englischen Namen abschrecken, der führt in die Irre. Tatsächlich gibt's hier 1A portugiesische Großmutter-Slowcooking-Newstyle-Küche! Du sitzt romantisch im dezent dekorierten Gastraum oder (noch besser!) im schönen Außenbereich. Die Karte ist angenehm kurz, und mit den mit viel Liebe zubereiteten „stews" (Eintöpfen) kannst du nichts falsch machen. Dazu: engagiertes und freundliches Personal und ein gutes Preis-Leistungsverhältnis. *So u. mittags geschl. | Rua Almeida Garret 41A | Mobiltel. 925712738 | facebook: StewsAndalbufeira | €€*

UZONJ

Du magst dich fragen, warum ein so angesagtes, cooles Lokal (noch?) so

Tolle Strände, pulsierendes (Nacht-)Leben, zentrale Lage – willkommen in Albufeira!

faire Preise verlangt. Wie auch immer: Ein komplettes Drei-Gänge-Menü gibt es in diesem Grillrestaurant zwar schon für 11,50 Euro, aber an kulinarischer Raffinesse und sympathischem Personal wird hier überhaupt nicht gespart. *Tgl. | Rua Dunfermline | Mobiltel. 917847621 | facebook: uzonjrestaurantegrill | €*

VILA JOYA

Wenn du mal so richtig edel essen möchtest, und das auch noch mit einer Wahnsinnsaussicht aufs Meer, dann gönn dir einen Abend in diesem mit zwei Michelin-Sternen dekorierten Gourmetrestaurant, in dem der Österreicher Dieter Koschina kulinarische Wunder vollbringt. Du wirst aus dem Schwärmen nicht mehr herauskommen. *Nov.–Feb. geschl., sonst tgl. geöffnet | Estrada da Galé | Tel. 289591795 | vilajoya.com | €€€*

SHOPPEN

In den Gassen rund um die Fußgängerzonen Rua 5 de Outubro, Rua Cândido dos Reis und dem Largo Cais Herculano findest du unzählige Lädchen mit Souvenirramsch und Klamotten, aber auch mit hübschem Kunsthandwerk. Albufeiras Markthalle *(Mercado Municipal dos Caliços | Largo do Mercado)* liegt etwas östlich des Lidl-Discounters und bietet allerlei Frisches vom Feld und aus dem Meer, jeden 2. und 3. Samstag im Monat gibt's einen Flohmarkt.

An den Zufahrtsstraßen nach Albufeira stehen immer Einheimische, die frisch Geerntetes aus ihrem Garten verkaufen: So gut und günstig wie hier findest du die saftigen Algarve-Orangen oder Melonen sonst nirgendwo!

STRÄNDE

An tollen Stränden mangelt es nicht in und um Albufeira: Die meisten Urlauber tummeln sich an den beiden Stadtstränden *Praia dos Pescadores* (am Cais Herculano) und *Praia do Peneco* (Zugang durch den Tunnel der Rua 5 de Outubro oder per Fahrstuhl von der Rua Latino Coelho). Östlich der Stadt sticht vor allem die traumhafte, kilometerlange *Praia da Falésia* mit ihren rot schimmernden Felsen heraus (nahe Olhos de Água), hier färbt die Abendsonne die Klippen in so abenteuerlichen Tönen, dass eine Kamera ebenso wichtig ist wie der Bikini. Auch Olhos de Água selbst hat eine Strandattraktion zu bieten:

INSIDER-TIPP
Bei Ebbe weint das Meer

Zwischen den mit Algen bewachsenen Felsen im linken Teil der Bucht tauchen bei Ebbe Wasseraugen auf, also Süßwasserquellen, ein seltenes Naturphänomen, bei dem – wie die Fischerlegende erzählt – die Tränen einer ertrunkenen Frau zutage kommen. Auch westlich von Albufeira findest du liebliche kleine Strandbuchten mit sympathischen Lokalen, wie z. B. an den *Praias de São Rafael, do Castelo* oder *do Evaristo*. Die gut zu erreichende, herrlich unterhalb der Felsen gelegene *Praia da Galé* erstreckt sich kilometerlang bis nach Salgados.

SPORT & SPASS

In der farbenfrohen Marina im Westen der Stadt starten Bootsausfahrten entlang der Küste, manche auch zur Delfinbeobachtung, etwa *Dolphins Driven (April–Okt. | 35 Euro, Kinder 5–12 J. 25 Euro | dolphins.pt)*. An der *Praia dos Pescadores* kannst du im Sommer mit einem Bananenboot und ähnlichen Funbooten fahren, hier finden auch häufig Footvolley-Turniere statt. Die *Praia da Galé* eignet sich gut zum Windsurfen.
Nahe Alcantarilha verspricht der Wasserrutschenpark *Aqualand (Juni 10–17, Juli–Sept. 10–18 Uhr | Eintritt 30 Euro, Kinder 5–10 J. 22 Euro | an der N125 | aqualand.pt)* jede Menge feucht-fröhliche Action. Im riesigen Tier- und Vergnügungspark *Zoomarine (März–Nov., die Öffnungszeiten variieren monatlich, siehe Website | Eintritt 30 (Hochsaison 36) Euro, Kinder bis 10 J. 20 (Hochsaison 26) Euro, Kinder unter 1 m frei, beim Kauf von Onlinetickets 10 % Rabatt | bei Guia, an der N 125 | zoomarine.pt)* gibt es Shows mit Delfinen und Raubvögeln, aber auch allerlei Planschvergnügen. Für kleine (und große) Klettermaxe ist der Hochseilgarten *Parque Aventura (Öffnungszeiten variieren monatlich, siehe Website | Estrada de Santa Eulália | parqueaventura.net)* ein Eldorado, hier hangeln sich die „Neugierigen" *(ab 1 m: 13 Euro)*, die „Abenteurer" *(ab 1,30 m: 15 Euro)* und die „Furchtlosen" *(ab 1,40 m: 19 Euro)* durch die Bäume.

WELLNESS

Du brauchst mal eine ordentliche Massage oder einen warmen Whirlpool, den es in deinem Hostel nicht gibt? Dann gönn dir am besten einen ausgiebigen Besuch im ansprechend angelegten Spa des *Hotel Epic Sana (Pinhal do Concelho | Praia da Falésia | Olhos de Água | algarve.epic.sanahotels.com)*. Es gilt als eines der besten Spas der Algarve, und auch als Nicht-Hotel-Gast darfst du eine Massage buchen.

AUSGEHEN & FEIERN

Am Abend tummeln sich die Feierfreudigen in der Innenstadt, vor allem rund um den *Largo Duarte Pacheco* und entlang der *Rua Cândido dos Reis*. Die Kneipenszene ist sehr international, mit einer unübersehbaren Tendenz ins Britische. Aus zahlreichen (nicht selten Irish) Pubs tönt Livemu-

Malerisch: musikalische Abendvorstellung in der Altstadt von Albufeira

sik. Köstliche Cocktails bei bester Aussicht über das Meer findest du in der (portugiesischen) *Bar Sal Rosa (Praça Miguel Bombarda 2 | Di–So 16–24 Uhr | Mobiltel. 927213116 | facebook: barSalRosa)* in der Altstadt.

Der zweite Nightlife-Hotspot – neben dem Zentrum – ist der sogenannte „Strip": An der Avenida Sá Carneiro im Ortsteil Areias de São João nahe der Praia da Oura reiht sich ein Pub an den nächsten, auf dieser Vergnügungsmeile (der größten in Portugal!) sollte jeder nach seinem Geschmack fündig werden. Richtig los geht's oft erst nach Mitternacht. Ständig öffnen am und hinterm Strip neue kleine In-Bars – schlender von einer zur anderen, bis die Sonne aufgeht!

RUND UM ALBUFEIRA

11 LAGOA DOS SALGADOS

8 km westlich von Albufeira/15 Min. mit dem Auto über die Estrada das Sesmarias

Durch die Hotelanlage des VidaMar-Resorts gelangst du zum Parkplatz an der Lagoa dos Salgados. Hier beginnt ein herrlicher Spazierweg entlang der Lagune, die sich hinter den Dünen der langgezogenen Praia dos Salgados erstreckt. Sie ist die Heimat und das Feriendomizil zahlreicher Vögel und ideal zum *Birdwatching*. Vor allem die Flamingos bieten eine tolle Show!

Lass sie dir nicht entgehen! Die Wege führen bis zur Praia Grande von Armação de Pêra, Richtung Osten kannst du über einen nagelneuen Holzstegweg bis zur Praia da Galé laufen – perfekt für Spaziergänge parallel zum Strand. *H7*

12 ARMAÇÃO DE PÊRA

13 km westlich von Albufeira/20 Min. mit dem Auto über die M 526

Auch wenn der außerhalb der Ferienzeit nur 6000 Ew. zählende Ort leider mit unschönen Hochhäusern und Hotels zugepflastert wurde, hat er sich an manchen Stellen den Charme eines einstigen Fischerdorfs bewahrt: so etwa am östlichen Ortsende, wo bunte Boote am Strand liegen, oder in den kleinen Gassen nahe der weißen *Antoniuskapelle* und der ehemaligen *Hafenfestung*. Du kannst wunderbar die Uferpromenade oder den langen Strand entlangflanieren, der vor allem bei Familien mit Kindern beliebt ist. Es fehlt nicht an Möglichkeiten, in Strandnähe einzukehren oder Souvenirs zu kaufen. Wirf beim Schlendern einen Blick auf das 1936 eröffnete, aber seit der Nelkenrevolution verlassene Casino in Eins-A-Küstenlage, das nur darauf wartet, in irgendeiner Form wiederbelebt zu werden. *H7*

13 NOSSA SENHORA DA ROCHA ★

16 km westlich von Albufeira/25 Min. mit dem Auto über die M 526/N 269-1

Im westlich von Armação de Pêra gelegenen Ortsteil Alporchinhos thront diese hübsche Pilgerkapelle so malerisch auf einem spitzen Felsvorsprung, dass man meinen könnte, die Fischer hätten sie im 16. Jh. speziell für dein Foto dort errichtet. Die Kombi aus Meer, Felsen und weißer Kapelle ist perfekt, und wenn dann noch die Abendsonne leuchtet, wird's fast schon kitschig. Die Säulen aus dem 6./7. Jh. sind übrigens westgotische Zeugnisse des frühen Christentums an der Algarve.

Badesachen dabei? Am Fuß der etwa 30 m hohen Klippe kannst du an wunderschönen Stränden baden. Und falls du Lust auf Wandern hast: An der Kapelle beginnt ein fantastischer Küstenabschnitt mit bizarren Felstürmen, einsamen Strandbuchten und unterspülten Einsturzhöhlen, sogenannten Algaren. Diese imposante Steilküstenlandschaft kannst du wandernd bis

Fantastisches Farbspektakel für (Hobby-)Fotografen: Nossa Senhora da Rocha

Carvoeiro erkunden – auf dem wohl schönsten (aber deshalb auch nicht wirklich einsamen) Küstenwanderweg der Felsalgarve! H7

14 ALCANTARILHA

10 km nordwestlich von Albufeira/ 20 Min. mit dem Auto über die M 526

Hier gibt's was zum Gruseln: Das an sich völlig untouristische Dorf hat eine morbide Sehenswürdigkeit zu bieten: Die *Capela dos Ossos* hinten rechts an der Dorfkirche wurde im 16. Jh. aus Tausenden Knochen gebaut. Die unzähligen Schädel, Knochen und Wirbel gehörten einst zu etwa 1500 Skeletten des ehemaligen Friedhofs, der einer neuen Siedlung weichen sollte. Auf den Schreck brauchst du erst mal etwas Weltliches? Kein Problem: Etwas außerhalb des Orts verwöhnt dich Dona Edite mit hervorragenden Weinen. Sie führt nach dem Tod ihres Mannes das Weingut *Quinta João Clara (Mo–Do 11–17, Fr–So 10–17 Uhr | Vale de Lousas | Mobiltel. 967012444 | joaoclara.com)*, und zwar so erfolgreich, dass sie mit ihren Weinen lauter Preise gewinnt. Nach Voranmeldung führt sie dich gerne über die Quinta (englischsprachig) und lässt dich die Tropfen auch mal probieren. H6

INSIDER-TIPP
Wein mit Frauenpower

15 GUIA

7 km nordwestlich von Albufeira/ 10 Min. mit dem Auto über die M 526-1

Von der ganzen Algarve pilgern die Menschen in das völlig unscheinbare

Im zeitigen Frühjahr blühen in der Algarve die Mandelbäume, wie hier bei Paderne

Örtchen Guia (4800 Ew.), und dafür gibt es drei Gründe: Der erste heißt *Zoomarine* (s. S. 88) und ist ein riesiger Tier- und Freizeitpark mit Hunderten Besuchern täglich. Der zweite Grund ist ein kulinarischer, denn in Guia werden die berühmtesten Grillhähnchen Portugals zubereitet. So gut wie alle Lokale versorgen dich hier mit pikanten *frango piri-piri*, doch besonders gut schmeckt's seit 1964 (!) bei *Ramires (tgl. | Rua 5 de Abril 14 | Tel. 289561232 | restauranteramires.com | € | Juli/Aug. keine Reservierung möglich)*. Und da du schon mal hier bist, kannst du auch noch den dritten Grund besuchen: Das Einkaufszentrum *Algarve Shopping (tgl. | N 125 | algarveshopping.pt)* begeistert (nicht nur bei Regen!) mit Kinos, Dutzenden von Shops, Supermarkt und Restaurants Algarvios und Touristen. *J6*

16 PADERNE

12 km nördlich von Albufeira/20 Min. mit dem Auto über die N 395

Wie wär's mit einem Abstecher in die Zeit der Mauren? Kaum jemand verirrt sich zur Burgruine *Castelo de Paderne* aus dem 12. Jh., dabei liegt sie – von der nebenan verlaufenden Autobahn mal abgesehen – in einer malerischen Landschaft am Flüsschen Ribeira da Quarteira. Trotz EU-Fördermitteln zur Instandsetzung der Zufahrtspiste ist die Ruine nicht leicht zu erreichen und zu besuchen, derzeit kann sie nur mittwochs *(10–16 Uhr)* und sonntags *(9.30–12 Uhr)* von innen besichtigt werden. Vom alten Ort Paderne an der

Burg ist nur noch Geröll zu sehen, er wurde 1755 beim Erdbeben zerstört, und die Bewohner haben sich etwa 5 km weiter nördlich angesiedelt. Nicht weit vom heutigen Paderne entfernt kannst du eine önologische und kulinarische Offenbarung erleben: Im *Veneza (Di geschl. | Tel. 289367129 | restauranteveneza.com | €€–€€€)*, einem authentischen Spitzenrestaurant, gibt es eine beeindruckende Weinauswahl, köstliche Fleischgerichte und Dessertspezialitäten aus Mandeln, Feigen und Johannisbrot. K7

17 VILAMOURA ★

18 km östlich von Albufeira/30 Min. mit dem Auto über die M 526

Die Doppelortschaft Vilamoura-Quarteira (24 400 Ew.) ist ein ungewöhnliches Paar: Während das in den 1970er-Jahren mit Betonklötzen verschandelte Strandstädtchen Quarteira aus einer echten Siedlung hervorgegangen ist und „normale" Einrichtungen wie eine Dorfkirche und einen lebhaften *mercado municipal* mit schöner Fischhalle hat, wurde Vilamoura komplett auf dem Reißbrett entworfen. Dieser todschicke Ort, in dem natürlich auch ein Kasino nicht fehlt, ist so künstlich, dass er schon wieder spannend ist – allein deshalb, weil du am Ufer der riesigen Marina die luxuriösesten Yachten und die teuersten Sportwagen der Algarve bewundern kannst. Neben dem Yachthafen reiht sich ein schickes Lokal ans nächste – die Wahrscheinlichkeit, in der Algarve einem portugiesischen Star zu begegnen, ist hier vermutlich am höchsten. Und wenn dir das Ferienresort der oberen Zehntausend zu dekadent wird, kannst du in eine andere Welt (und Zeit) verschwinden: Der *Cerro da Vila (tgl. 9.30–12.30 u. 14–18 Uhr | Eintritt 4 Euro)* westlich der Marina ist eine große Ausgrabungsstätte (inklusive Museum) einer römischen Villa aus dem 3. Jh., in der u. a. Fische eingesalzen wurden. Die Mosaike sind erstaunlich gut erhalten! K7

SCHÖNER SCHLAFEN IM BARLAVENTO

MINIMALISTISCH, VINTAGE, BOHO CHIC? HAUPTSACHE HIP!

Auf dem Gelände eines alten Herrenhauses direkt an der westlichen Stadtmauer ist das junge, hippe Hotel *Casa Mãe (34 Zi. | Rua do Jogo da Bua 41 | Lagos | Mobiltel. 968369732 | casa-mae.com | €€)* entstanden. In drei Gebäuden wohnst du „minimalistisch", „vintage" oder „boho chic". Im Sommer gibt's bereits vor dem Frühstück eine Yoga-Session, bei schönem Wetter unter freiem Himmel auf der Dachterrasse. Im angesagten offenen Show-Cooking-Restaurant finden oft Kochworkshops statt – mit Zutaten aus dem eigenen Biogarten. Und wenn dir auf den letzten Drücker noch ein Mitbringsel fehlen sollte, stöber einfach im Hotellädchen: Hier werden hochwertige Accessoires, Kleidungsstücke und Pflegeprodukte von portugiesischen Herstellern verkauft.

DIE WESTKÜSTE

IM WILDEN WESTEN

Im wilden Westen der Algarve stößt du auf unberührte Landschaften und die wildromantische, malerische Costa Vicentina – eine einzigartige, einsame, aber manchmal auch etwas ungemütliche Steilküste, an der dir der Wind die Haare zerzaust und die Wellen mehr Surfer als Badegäste begeistern.

Auf ihrer gesamten Länge ist die Costa Vicentina als Naturreservat geschützt, ein wundervoller Fernwanderweg zieht sich die spektakuläre Küste entlang. Immer wieder wird sie von Flusstälern

Einladung zum Wandern an der Küste: Costa Vicentina, hier die Praia de Odeceixe

unterbrochen, die sich wie Kerben in die Klippen geschliffen haben und mit ihren Mündungslagunen für landschaftlich fantastische und selten überfüllte Strände sorgen. Richtig, für den Massentourismus ist es wohl zu rau – hier fühlen sich Individualisten mit Windjacken am wohlsten. Zumindest bei einer Tagestour solltest du den Zauber von Europas wildromantischer Südwestkante erspüren. Wenn du etwas mehr Zeit hast und gut zu Fuß bist, erwandere die tolle Landschaft!

DIE WESTKÜSTE

MARCO POLO HIGHLIGHTS

★ **ARRIFANA**
Tolle Aussicht auf eine halbkreisförmige Bucht und die Felsenküste ➤ S. 106

★ **SAGRES**
Hafenstädtchen mit Festung und windgeschützten Stränden ➤ S. 98

★ **CABO DE SÃO VICENTE**
Europas Südwesteck, ein von Wind und Wellen bestürmtes Kap ➤ S. 101

Pereiras
PORTUGAL
266
Pardieiros
Alferce
Monchique
Marmelete
267
43 km, 40 Min.
Albufeira de Odeáxere
Moinhos Velhos
266
Silves
A22
ensafrim
Mexilhoeira Grande
Estômbar
Parchal
Lagoa
Odiáxere
Monte Judeu
Alvor
Portimão
Ferragudo
Lagos
Carvoeiro
4 km
2.49 mi
ATLÂNTICO

SAGRES

(B8) **Hier war die Alte Welt also zu Ende. Kein Wunder, dass Europas äußerster Südwesten irgendwie mystisch, verwegen und abenteuerlustig daherkommt.**

Wer an ★ *Sagres* denkt, spürt Portugals Entdeckergeist und Selbstbewusstsein des 15. Jhs., dabei hatten vorher schon die Mauren und die Römer hier ihre Kultplätze. Letztere sorgten für den Namen: *Promontorium Sacrum* – heiliges Vorgebirge. Heute steht Sagres nicht nur für den südwestlichsten Ort des Lands, sondern auch für eine bekannte Biersorte, die allerdings nur den Namen nutzt und ihr Bier bei Lissabon braut.

Sagres (1900 Ew.) hat sich in den letzten Jahren dank seiner wichtigsten Ressource stark gewandelt: Die nicht enden wollenden perfekten Surferwellen bescherten dem an sich eher gesichtslosen Örtchen einen Boom an Hostels, Surfcamps und chilligen Cafés. Ein richtiges Zentrum ist schwer auszumachen, das Leben spielt sich vor allem rund um die Praça da República und entlang der Rua Comandante Matoso ab. Und natürlich an den umwerfend schönen Strandbuchten, von denen dank der unterschiedlichen Ausrichtungen irgendeine bestimmt windgeschützt ist.

SIGHTSEEING

FORTALEZA DE SAGRES

Die (ziemlich übereifrig restaurierte) Festungsanlage aus dem 17. Jh. riegelt die *Ponta de Sagres* ab, ein kahles Felsplateau, das weit ins wellenbewegte Meer hinausragt. Hier stand also im 15. Jh. Prinz Heinrich der Seefahrer und träumte davon, draußen im Meer auf neue Ufer zu stoßen. Vielleicht fand hier das Brainstorming mit den Gelehrten statt. Wie auch immer sein Engagement war – auch dank neuer Erkenntnisse über Navigation und wegen der Karavelle, einem neueren, wendigen Schiffstyp – von Erfolg gekrönt: Binnen zwei Generationen wurde das unbedeutende Land am Ende Europas zu einer reichen Seefahrernation. Welche Rolle die sagenumwobene *Windrose* dabei spielte, wird wohl ein Geheimnis bleiben. Sie wurde 1928 bei Ausgrabungen entdeckt – du wirst den aus Steinbrocken gelegten Kreis mit seinen 43 m Durchmesser als Erstes sehen, wenn du durch die mächtige Burgmauer das Festungsgelände betrittst. Ansonsten stammt hier nur noch die kleine Kapelle *Nossa Senhora da Graça* aus der Anfangszeit – alle anderen Gebäude (eins davon mit einer topmodernen, interessanten Ausstellung zu den portugiesischen Expansionen) haben sich als Bausünden dazugesellt. Lass dich davon nicht irritieren und spaziere lieber über die Landzunge – das wirklich Schöne sind nämlich die Aussichten von den 60 m hohen Klippen! *Tgl. 9.30–17.30, im Sommer bis 20 Uhr | Eintritt 3, Kombiticket mit Nossa Senhora de Guadalupe (s. S. 102) 3,50 Euro | ⏱ 1½ Std.*

PORTO DA BALEEIRA ⚑

Mach unbedingt einen Abstecher hinunter zum Fischerhafen, der geschützt

Porto da Baleeira: Es gibt sie noch immer – Algarvios, die vom Fischfang leben

an der Ostseite von Sagres liegt: Hier kannst du sehen, dass es noch immer so manche Algarvios gibt, die tatsächlich vom Fischfang leben. Wenn die bunten Boote voll beladen in den Hafen einfahren, beginnt das Spektakel. Noch beeindruckender ist das Treiben am Nachmittag in der *Auktionshalle (Mo–Fr 7.30–13.30 u. 15.30–20 Uhr)*. Von weither kommen Händler und Küchenchefs, um fangfrischen Fisch und wertvolle Meeresfrüchte zu ersteigern. Die Fischauktionen von Sagres zählen zu den besten in Europa.

ESSEN & TRINKEN

ESTRELA DO MAR

In dem einfachen, bodenständigen Lokal treffen sich Einheimische und Auswärtige bei Fischgerichten, Wein und Bier. *Tgl. | Rua Comandante Matoso 126 | Tel. 282624065 | €*

NORTADA

Nicht nur Windsurfer lieben diese wundervoll am Strand von Martinhal gelegene Beachbar. Es gibt stets frischen Fisch und Meeresfrüchte, aber das Schönste ist einfach der Sonnenuntergang. *Nur im Sommer geöffnet | tgl. | Mobiltel. 918613410 | €€*

VILA VELHA

Das elegant-gemütliche Lokal gilt dank seiner Qualität als Topadresse in Sagres. Zu den hervorragenden Gerichten findest du problemlos den passenden Wein. *Mi, So u. mittags geschl. | Rua António Patrão Faustino | Tel. 282624788 | vilavelha-sagres.com | €€–€€€*

Warten auf die perfekte Welle: Surfer an der Praia do Tonel

A SEREIA

INSIDER-TIPP
Der frischeste Fisch der Algarve

Hier sitzt du – zusammen mit den Fischern – direkt über der Fischauktionshalle im Hafen von Sagres. Klar, dass nur die gerade gefangenen Meerestiere auf die Teller kommen. *Mo–Fr 8–16 Uhr | Porto de Pesca da Baleeira | Tel. 282 10 96 82 | facebook: asereiasagres | €–€€*

STRÄNDE

Während die *Praia da Mareta* direkt am Ort meist vor Westwind geschützt ist, rollen an der *Praia do Tonel* und der unter hohen Felswänden versteckten und nur über eine lange Holztreppe erreichbaren *Praia do Beliche* westlich der Ponta die perfekten Surferwellen herein. Die *Praia do Martinhal* hinterm Fischerhafen ist bei Windsurfern beliebt, außerdem bilden die vorgelagerten Felsinseln (Vogelparadiese!) eine pittoreske Kulisse. Etwa 15 km östlich von Sagres liegen die wunderschönen Felsbuchten *Praia do Zavial* und *Praia da Ingrina*, die du über Raposeira mit dem Auto erreichst.

SPORT & SPASS

Im Revier der Wellenreiterhochburg bieten viele Surfschulen Kurse an, wie z. B. das *Freeride Surfcamp (frsurf.com)*. Die Gewässer rund um Sagres gehören aber nicht nur zu den wellen- sondern auch zu den fischreichsten in Portugal – ein (ziemlich kaltwässriges) Paradies für Sporttaucher! In die Tiefe geht's z. B. mit der Tauchschule *Divers Cape (diverscape.com)*. Apropos Tiere angucken: Du kannst Delfine beobachten mit *Marlimitado (marilimitado.com)* oder zur Hauptzugzeit Anfang Oktober zum *Birdwatching-Festival (birdwatchingsagres.com)* kommen. Außerdem gibt es für Wanderlustige mit der *Rota Vicentina (rotavicentina.com)* und der *Via Algarviana (viaalgarviana.org)* zwei tolle Fernwanderwege, die am Cabo de São Vicente enden. Atemberaubend schön – und trotzdem erstaunlich einsam – ist der 10 km lange Abschnitt auf der Rota Vicentina vom Kap zur *Torre de Aspa,* der mit 156 m höchsten Erhebung der Felsküste.

RUND UM SAGRES

1 CABO DE SÃO VICENTE ★

6 km westlich von Sagres/8 Min. mit dem Auto über die N 268

Ein riesiger Leuchtturm, der mit seinen 70 m hohen Felswänden Wind und Wellen trotzt, markiert den südwestlichsten Punkt Kontinentaleuropas. Am Parkplatz herrscht tagsüber Rummel an den Imbiss- und Souvenirständen – das Kap ist das meistbesuchte Ausflugsziel der Algarve –, doch wenn du ein paar Schritte Richtung Norden oder Osten an die Klippen gehst (bitte mit großer Vorsicht, vor allem bei Windböen!) oder erst zum Sonnenuntergang kommst, kannst du die grandiose Naturkulisse in Ruhe genießen. Im Innenhof der *ehemaligen Festungsanlage (Mo geschl.),* deren Grundmauern bereits im 16. Jh. zur Abwehr von Piraten gebaut wurde, findest du WCs, einen Shop, ein Café und ein kleines *Museum (Eintritt 1,50 Euro),* in dem es um die maritime Geschichte des Kaps und um die Geschichte des 1904 errichteten Leuchtturms geht. Der *Leuchtturm* ist derzeit noch nicht wieder zu besichtigen (wie es früher am Mittwochnachmittag der Fall war), die Anlage ist jedoch auch von außen beeindruckend: Das 90 km weit sichtbare Leuchtfeuer aus den 3000-Watt-Lampen gehört zu den leistungsstärksten Europas.

Ein *Imbiss (März–Okt. tgl. etwa 10.30–17.30 Uhr | letztebratwurst.com)* am Kap sorgt seit mehr als zwei Jahrzehnten für Furore – weit über den Westen der Algarve hinaus. Hier gibt's nämlich echte Nürnberger und Thüringer Bratwürste, direkt importiert und frisch gegrillt. Mit Zertifikat, dass du wirklich die letzte Bratwurst vor Amerika verspeist hast. Da fährt auch so mancher Aussteiger hin und wieder ans Kap, um mal wieder 'ne ordentliche Wurst zu essen. *B7*

2 VILA DO BISPO

10 km nördlich von Sagres/10 Min. mit dem Auto über die N 268

Ein enormer Wasserturm überragt die etwas verschlafen wirkende Kreisstadt (1400 Ew.), in der sich das Leben vor allem in den Cafés am Kirchplatz und am Marktgebäude abspielt. Die von hier aus zu erreichenden Strände *Praia do Castelejo* und *Praia da Cordoama* sind einfach herrlich und sogar im Sommer selten überfüllt. Ganz wundervoll ist auch der Wanderweg, der 13 km hinter Vila do Bispo das Cabo de São Vi-

Die ältesten Häuser von Aljezur stehen dicht gedrängt unterhalb der Burgruine

cente erreicht und nah an den Klippen vorbeigeht – spektakulär! *B–C7*

3 NOSSA SENHORA DE GUADALUPE

14 km östlich von Sagres/15 Min. mit dem Auto über die N 268/N 125

Hinter Raposeira stößt du an der N 125 auf diese schlichte weiße Kapelle. Eine Rarität, denn sie wurde vermutlich kurz nach der Vertreibung der Mauren im 13. Jh. gebaut und gehört damit zu den ältesten erhaltenen Kirchenbauten der Algarve. Viele hübsche romanische und frühgotische Elemente sind zu sehen, von der kleinen Rosette bis zu den Schlusssteinen und Kapitellen. *Di–So 10–13 u. 14–18, Okt.–April 9–13 u. 14–17 Uhr | Eintritt 2 Euro, Kombiticket mit Fortaleza de Sagres (s. S. 98) 3,50 Euro | C7*

4 PEDRALVA

20 km nördlich von Sagres/20 Min. mit dem Auto über die N 268

Das einst fast verlassene Dörfchen erlebte dank dem Tourismus eine Wiedergeburt: Die Häuschen wurden renoviert und können nun als urige Feriendomizile gemietet werden. Aber auch einfach so lohnt sich ein Abstecher in die pittoresken Gässchen, vor allem weil es im Restaurant *Pizza Pazza (Mo geschl., Di–Sa nur abends geöffnet | Tel. 282639173 | pizzapazza-pedralva.business.site | €–€€)* die besten Pizzen weit und breit gibt (reservieren!). *C6*

ALJEZUR

(D4) **In den größten Ort dieses ziemlich dünn besiedelten Landkreises kann man sich schnell verlieben. Aljezur (3450 Ew.) ist so anheimelnd und gemütlich, dass man sofort auf Erkundungstour gehen mag: durch die zwar steilen,**

aber pittoresken Gassen mit ihren weiß getünchten Häusern – hinauf zur maurischen Burgruine. Oder in die kleine, sympathische Markthalle am Flüsschen.

Jetzt verstehst du, warum in diesem Winkel schon so mancher mitteleuropäische Aussteiger hängen geblieben ist … Einer der Treffpunkte der internationalen Gemeinde ist die Privatbücherei von Berenike Jacob *(Mo/Fr 11–16 Uhr | Rua do Mercado 23 | bibliotecaaljezur.com)* im Nachbardorf Rogil, in der es nicht nur neuen Lesestoff zur Ausleihe, sondern häufig auch kulturelle Veranstaltungen gibt.

SIGHTSEEING

MUSEEN

Beim Spaziergang durch die Altstadt am Burghang stößt du auf mehrere Museen: Im kleinen *Museu de Arte Sacra (Rua São João de Deus)* neben der *Igreja da Misericordia* aus dem 16. Jh. siehst du sakrale Exponate. Das *Stadtmuseum (Largo 5 de Outubro)* ist im ehemaligen Rathaus aus dem 19. Jh. untergebracht. Ein Raum ist hier dem Erbe aus der islamischen Zeit im Mittelalter gewidmet, ein anderer beherbergt eine archäologische Ausstellung. Im Obergeschoss erwartet dich der volkskundliche Teil. Für 2,20 Euro kannst du alle Museen im Ort besuchen, auch das *Museu Antoniano* in der einstigen Antoniuskapelle mit seiner zeitgenössischen Kirchenkunst und das *Hausmuseum* des Malers José Cercas. *Alle Museen: Di–Sa 9–13 u. 14–17 (im Sommer bis 18) Uhr*

CASTELO

Hoch über der Ribeira de Aljezur thront die Ruine der maurischen Festung. Du kannst sie jederzeit frei und kostenlos besuchen, und da sie nicht renoviert wurde, wirkt sie umso verträumter. Nach dem zehnminütigen, im Sommer etwas mühsamen Aufstieg wirst du mit einer wundervollen Aussicht über die grüne Hügellandschaft bis hin zur Serra de Monchique auf der einen und dem Meer auf der anderen Seite belohnt. Infotafeln erzählen von der Geschichte der Maurenburg aus dem 10. Jh. und wie die christlichen Kreuzritter sie im 13. Jh. eroberten. Zur Not kommst du auch mit dem Auto hoch, doch schöner ist ein Spaziergang durchs Dorf.

ESSEN & TRINKEN

CAFÉ DO MERCADO

In dem freundlichen Café an der Markthalle bekommst du auch kleine

Snacks. Nebenan kannst du dich mit frischem Obst eindecken. *Largo do Mercado | €*

PONT'A PÉ

Restaurant, Café, Kneipe und Bar: Das gemütliche Lokal am Flüsschen ist eine Institution. Serviert werden gute, deftige Speisen, besonders schön sitzt du auf den Terrassenplätzen. Am späteren Abend geht hier die Post ab, vor allem in lauen Sommernächten wird ausgiebig gefeiert und getanzt. *So geschl. | Largo da Liberdade 12 | Tel. 282998104 | pontape.pt | €€*

INSIDER-TIPP
Feiern am Fuß der Brücke

MOAGEM

Die alte Kornmühle wurde mit viel Liebe und der Hilfe zahlreicher engagierter Hände in ein alternatives Kulturzentrum mit unterschiedlichsten Veranstaltungen – von Yoga über Ausstellungen bis zu Workshops und Konzerten – und einem vegetarischen Bistro verwandelt. Im *Mó Veggie-Bistrô* in der alten Scheune bekommst du lokale Köstlichkeiten ohne Tierprodukte, aber in vielen Farben! *So/Mo geschl. | Rua João Dias Mendes 13–14 | Tel. 925 28 926 | facebook: moagemaljezur | €*

GULLI

Hippes Café mit italienisch angehauchten Speisen und regelmäßigen DJ-Sets. Auch sonst läuft hier immer irgendein Beat. Wenn du's beim Essen oder Cocktailschlürfen lieber ruhig hast, komm besser nicht! *Außer Sa nur abends | Sitio da Fonte de Santa Susana, 4 km südlich an der EN 120 | Mobiltel. 925891500 | facebook: gullibistrot | €€*

SPORT & SPASS

Eine Eselwanderung ist nicht nur für Kinder ein Riesenerlebnis! Wer dabei wen führt, ist zwar manchmal die Frage, aber dafür tragen die gutmütigen Tiere bereitwillig dein Gepäck. Nicht selten sind bei derartigen Trekkingabenteuern schon Freundschaften fürs Leben entstanden. Die deutsche Aussteigerin Sofia von Mentzingen hat auf ihrem Eselhof *(Burros & Artes | Tel. 282995068 | eselwandern-algarve.blogspot.pt)* eine Art Altersheim für Langohren eröffnet, inzwischen gibt es aber auch ein paar junge Tiere. Deren Bewegungsdrang stillt sie, indem sie Eselwanderungen *(1½ Std., ein halber/ganzer Tag oder sogar Mehrtagestouren)* durch das Hinterland von Aljezur zur Küste anbietet. Termine und Preise siehe Website.

STRÄNDE

Im Umkreis von Aljezur gibt es traumhafte Strandbuchten. Oft ist die See etwas rau, die Wellen begeistern die Surfer meist mehr als die Badeurlauber. Doch landschaftlich ist ein Strand schöner als der nächste, und gerade zu den Sonnenuntergängen gibt es wohl keine romantischeren Orte als die Klippen oberhalb dieser Strände. Zu den Highlights gehören die *praias* von Amado, Carrapateira, Arrifana, Monte Clérigo und Odeceixe – alle haben riesige Sandareale, auf denen es selbst im Sommer selten richtig voll wird. Am schönsten ist die *Praia Amoreira*: Sie wird Richtung Norden von beeindruckenden Klippen eingerahmt (nahe beim Café führt ein Weg hinauf!), an ihrem Südrand mündet die Ribeira de Aljezur in den wilden Atlantik. Der selbst im Sommer selten überfüllte, etwa 0,5 km lange Sandstrand ist herrlich für Spaziergänge – oder um den Surfern zuzuschauen.

RUND UM ALJEZUR

5 ODECEIXE

16 km nördlich von Aljezur/18 Min. mit dem Auto über die N 120

Das beschauliche Örtchen (1050 Ew.) mit seinen einladenden Straßencafés rund um den Largo 1 de Maio liegt am absoluten Nordende der Algarve. Wenn du den Rio Seixe überquerst, bist du schon im Alentejo. Auch lohnenswert, aber biege lieber nach Westen ab: Nach 2 km erreichst du einen der schönsten Strände Portugals. Die *Praia de Odeceixe* mit ihrer riesigen Sandstrandfläche wird von steilen Felswänden flankiert, die Mündung des Rio Seixe bildet eine wunderbare Badelagune, und in den Strandcafés bekommst du eisgekühlten Weißwein zu frischen Entenmuscheln *(perceves)*. Wenn du im Ort selbst einkehren magst – empfehlenswert ist das ebenfalls für gute Meeresküche bekannte *Restaurante Chaparro (Rua Estrada National 8 | Tel. 2 82 94 73 04 | €€)*. Überhaupt lohnt es sich, die hübschen Gässchen des Dorfes zu erkunden. Verpasse auch nicht einen Abstecher zum *Moinho de Odeceixe*. Einst gab es in dieser Gegend zahlreiche Windmühlen, an Wind und Getreide man-

Mit gutmütigem Begleiter auf Tour: Eselwanderung

Ein Fest für Fans des wilden Atlantiks: Brandungswellen an der Praia da Bordeira

gelte es nicht. Eine der Mühlen *(Mo 9–13, Di–Fr 9–13 u. 14–19, Sa 14–19 Uhr | Eintritt frei | Serro da Igreja | 15 Min.)* kann besichtigt werden, sie bietet zudem einen tollen Ausblick über Odeceixe (vor allem bei Sonnenuntergang!). D3

6 ARRIFANA ★

10 km südwestlich von Aljezur/13 Min. mit dem Auto über die M 1003-1

Über einer halbkreisförmigen Bucht klebt das chillige Fischerörtchen Arrifana, das vor allem auch Surfer anzieht. Hoch auf der Klippe *Ponta da Arrifana* thront die frei zugängliche Ruine einer Burg aus dem 17. Jh. Der Panoramablick auf die Halbmondbucht von Arrifana im Süden und die gigantischen Klippenwände bis zur Ponta de Atalaia im Norden ist besonders beim Sonnenuntergang traumhaft schön – ein ideales Plätzchen für ein Weinpicknick! Alternativ findest du eine gute Einkehrmöglichkeit gleich vor der Fortaleza mit dem auf Meeresgetier spezialisierten *Restaurante O Paulo (Mobiltel. 9 34 97 52 51 | restauranteopaulo.com | €€)* mit seinen großen Fensterfronten. C4

7 CARRAPATEIRA

20 km südlich von Aljezur/20 Min. mit dem Auto über die N 120/N 268

Herzallerliebst, dieses Fleckchen am Rand der grünen Hügellandschaft und neben dem riesigen Sandstrand *Praia da Bordeira*. Carrapateira gehört zur Gemeinde Bordeira, gemeinsam haben die beiden Dörfer mit ihren weiß getünchten Häusern gerade mal 370 Einwohner. Von der kleinen *Dorfkirche* aus dem 16. Jh. hast du einen schönen Blick über das hübsche

Örtchen und die Umgebung. Das Leben spielt sich rund um die winzige Markthalle und in den umliegenden Cafés ab. Hier findest du mit dem *Trigo Vermelho (Mi/Do geschl. | Rua dos Quintais | Tel. 2 82 97 39 08 | €)* ein Lokal, in dem alles glutenfrei und aus regionaler Bioware zubereitet wird.

Traditionell leben in Carrapateira mehr Bauern als Fischer, die Felder der Umgebung sind fruchtbar, Fischerei wurde und wird eher als Nebenerwerb betrieben – nicht ohne Grund nennt man die Einheimischen hier auch Amphibien. Über ihr Leben erfährst du allerlei Spannendes im *Museu do Mar e da Terra (Mo–Fr 9–15.30 Uhr | Eintritt 2,70 Euro | Rua do Pescador | 30 Min.)*.

Das Meer spielt bis heute dennoch eine extrem wichtige Rolle, wie du unschwer an den vielen glücklichen Surfern erkennen kannst, die in Carrapateira einen Kaffee trinken, nachdem sie an der *Praia da Bordeira* und vor allem an der südlich gelegenen *Praia do Amado (C6)* die perfekten Wellen gesurft haben. Auch wenn du selbst nicht surfst, die Atmosphäre am lang gezogenen Amado-Strand ist herrlich chillig, und du kannst wunderbar Surferwatching betreiben.

Eine tolle Etappe des Fernwanderwegs *Rota Vicentina* führt über die atemberaubend schöne Landspitze *Ponta de Carrapateira.* Am meisten siehst du von der felsigen Küste, wenn du von Carrapateira zur Praia do Amado wanderst, – und nicht mit dem Auto über die staubige Piste fährst. Überhaupt findest du rund um Carrapateira und Bordeira viele markierte Wanderwege, auch durchs grüne Hinterland. Frische *perceves,* die für diese Gegend so typischen Entenmuscheln, bekommst du z. B. im Restaurant *Sítio do Rio (Di geschl. | Praia da Bordeira | Tel. 2 82 97 31 19 | €).* C5–6

INSIDER-TIPP
Spektakuläre Felsen als Wegbegleiter

SCHÖNER SCHLAFEN AN DER WESTKÜSTE

BLAU WIE DAS MEER IN SAGRES

Schon von außen gibt es keinen Zweifel: die *Casa Azul (4 Apts., 12 Zi. | Rua Dom Sebastião | Sagres | Tel. 2 82 62 48 56 | casaazulsagres.com | €€)* leuchtet in einem so kräftigen Blauton, dass du sie sofort erkennst, wenn du im Herzen von Sagres unterwegs bist. Und damit sind wir direkt beim ersten Pluspunkt: Dieses junge und erfrischende 3-Sterne-Hotel liegt superzentral, du kannst von hier aus zum Strand spazieren oder abends um die Häuser (und in die Kneipen) ziehen. Egal, ob du als Single, zu zweit als Paar oder mit (Groß-)Familie kommst, für alle gibt es die passende Zimmer- oder Apartmentgröße. Die farbenfrohen Räume sind mit viel Liebe zum Detail dekoriert, sie kommen genauso freundlich daher wie das internationale Personal. Das abwechslungsreiche Frühstück stärkt dich für einen Tag auf dem Surfbrett oder auf den Wanderwegen der Westküste.

DAS HINTERLAND

DIE ANDERE ALGARVE

An Berge, einsame Dörfer in kargen Hügellandschaften, fruchtbare Täler und Korkeichenwälder denkt man ja erst mal weniger, wenn man sich „die Algarve" vorstellt. Und viele Urlauber kommen auch gar nicht auf die Idee, sich die Gebiete nördlich der Autobahn genauer anzuschauen. Wer sich auf den Weg macht, lernt eine ganz andere Algarve kennen …

Selbst die drei größeren Städte haben mit dem Trubel entlang der Küste nichts gemein, sie sind von wundervoller Natur umgeben, in

Mal was anderes als Meer und doch typisch: Korkeichenwald in der Serra de Monchique

der es still, friedlich und manchmal etwas einsam ist. Freundliche Einheimische und bäuerliches Leben prägen den „Garten der Algarve", wie man die Hügellandschaften auch nennt. Wanderwege führen durch die mal heißen und trockenen, mal feuchten und fruchtbaren Gegenden, die einen angenehmen Kontrast zum dicht besiedelten Küstenstreifen bieten.

DAS HINTERLAND

MARCO POLO HIGHLIGHTS
★ SILVES
Zeitreise zu den Mauren ➤ S. 112
★ SERRA DE MONCHIQUE
Korkeichenwälder und grandiose Aussichten im Algarvegebirge ➤ S. 115
★ CALDAS DE MONCHIQUE
Märchenhafter Kurort im schmalen Bergtal ➤ S. 120
★ LOULÉ
Marktstadt mit Musik ➤ S. 120
Santa Bárbara de Padrões
Rosário
Aldeia dos Fernandes
A2
Gomes Aires
Almodôvar
Santa Clara-a-Nova
88 km, 1 ½ Std.
Ameixial
São Barnabé
PORTUGAL
50 km, 40 Min.
7 Rocha da Pena
124
8 Salir
6 Alte
Benafim
9 Fonte Benémola
Tôr
Querença
Paderne
Alportel
São Brás de Alportel 10
Loulé ★
S. 120
Boliqueime
A22
Santa Bárbara de Nexe
125
Vale Formoso
Almancil
4 km
2.49 mi

Moderne Kunst in historischer Maurenmetropole: Marktplatz von Silves

SILVES

(🕮 G5–6) **Im beschaulichen Landstädtchen ★ Silves (10 600 Ew.), das einst Xelb hieß und die prachtvolle Hauptstadt der maurischen Provinz Al-Gharb war, kannst du dich auf Spurensuche begeben und herausfinden, was von der Herrschaft der Mauren und ihrer reichen Kultur geblieben ist. Oder du setzt dich einfach in ein Café und genießt das Hier und Jetzt!**

Dass „Xelb" mal wichtiger als Lissabon war und sogar mit Granada verglichen wurde, kann man sich heute kaum noch vorstellen … Im archäologischen Museum und in der stark restaurierten, im Sonnenlicht glutrot leuchtenden Burganlage gibt es zwar noch ein paar Überbleibsel aus der maurischen Zeit, doch die Stadt hat sich seit der Reconquista Mitte des 13. Jhs. stark verändert. Zum einen durch das Erdbeben von 1755, aber auch, weil ihre Lebensader, der Rio Arade, versandet ist. Über ihn segelten einst die Phönizier hierher, und für die Mauren war der Fluss der Grund, hier im fruchtbaren, wasserreichen Hinterland ihre Hauptstadt zu errichten. Bei Ebbe (ja, die Tide reicht bis nach Silves!) siehst du nur noch ein Rinnsal unter der schönen fünfbögigen Brücke aus dem 15. Jh. hindurchfließen. Trotz all dieser Veränderungen ist Silves ein äußerst pittoreskes, liebenswertes Städtchen, in dem es Spaß macht, durch die Gassen und hinauf zur Burg zu streifen, in den Geschäften zu stöbern oder in einem der hübschen Cafés einzukehren.

SIGHTSEEING

MUSEU MUNICIPAL DE ARQUEOLOGIA

Neben dem einstigen Festungsturm der Stadtmauer, dem *Torreão da Porta da Cidade,* stößt du auf das sehenswerte Archäologische Museum. Es zeigt Funde von der Steinzeit bis ins Mittelalter, darunter schöne arabische Keramik. Faszinierend ist der Abstieg in einen über 20 m tiefen maurischen Brunnenschacht, um den herum das Museum gebaut wurde. *Tgl. 10–18 Uhr | Eintritt 2,10 Euro, Kombiticket mit dem Castelo 3,90 Euro | Rua das Portas de Loulé 14 | ⏱ 45 Min.*

SÉ

Unterhalb der Burg ragt die ebenfalls aus Rotsandstein gebaute Kathedrale auf, die Mitte des 13. Jh. wie so viele Kirchen über die Reste der Moschee gebaut wurde. Trotz schwerer Beschädigungen durch das Erdbeben kannst du noch einige gotische Elemente bewundern, z. B. am Portal, im Chor und an der Vierung. *Mo–Sa 10–13 u. 14–18 Uhr | Eintritt 1 Euro, Einlass nur mit bedeckten Schultern | ⏱ 20 Min.*

CASTELO

Allein die wunderbare Aussicht von den mächtigen Mauern der einst maurischen Herrscherburg (8.–13. Jh.) über die Dächer der Stadt und die umliegenden Orangenhaine lohnt den Aufstieg. Du kannst von einem Wehrturm zum nächsten über die dunkelroten Sandsteinmauern laufen, die in den 1940er-Jahren etwas übereifrig restauriert wurden. Steig auch in die riesige Zisterne aus dem 13. Jh. hinunter (hier gibt es eine interessante Ausstellung über den Iberischen Luchs) und schau dir die (leider kümmerlichen) Ausgrabungsreste des einstigen maurischen Palasts an. In dem lauschigen *Café (€)* im Innenhof bekommst du kleine Snacks und leckere Fruchtsäfte. *Tgl. 9–17.30, im Sommer bis 19/20/22 Uhr | Eintritt 2,80 Euro, Kombiticket mit dem Archäologiemuseum 3,90 Euro | ⏱ 1 Std.*

ESSEN & TRINKEN

CAFÉ DAROSA

INSIDER-TIPP
Hüftgold im Nostalgiecafé

Da wurde das altehrwürdige Kaffeehaus im Rathausgebäude ganz schön aufgemotzt: Die alten blau-weißen Azulejos an den Wänden strahlen wieder, die Kuchentheke ist reich gefüllt, – wirklich göttlich ist der Schokoladenkuchen! – und du sitzt herrlich unter den Arkaden. *So geschl. | Largo do Município 6 | Tel. 282148034 | facebook: CafeDaRosa | €*

CAFÉ INGLÊS

In diesem lauschigen Café kannst du nicht nur Pizzas, Salate und Kuchen snacken, sondern auch fetzige Livemusik hören: freitags und samstags am Abend, sonntags am Nachmittag. *Mo geschl. | Rua do Castelo 11 | 282442585 | cafeingles.com.pt | €€*

O BARRADAS

Küchenchefin Andrea Pequeno ist eine Meisterin ihres Fachs, ihr zur Seite steht ihr Mann Luís. Ein Muss, wenn du im Raum Silves gut und gepflegt essen willst. Probier den Fisch im Salzmantel oder die anderen Fischgerichte aus dem Ofen. *Nur abends, Mi geschl. | Venda Nova (2 km südlich) | Tel. 2 82 44 33 08 | obarradas.com | €€*

RESTAURANTE-BISTRO RAINHA

Bei der „Königin" gibt's wirklich so gar nichts auszusetzen: hervorragend zubereitete Gerichte zu fairen Preisen, familiäres und freundliches Ambiente und dazu eine malerische Lage am Rio Arade etwa 8 km nordwestlich von Silves (Richung Arade-Talsperre). Da lohnt sich der Weg! *So nur mittags, Mi–Sa nur abends, Mo/Di u. im Winter zeitweise geschl. | Santo Estévão/Barragem de Silves | Mobiltel. 915233636, facebook: restauranterainha.algarve | €€*

SPORT & SPASS

Wenn du wie einst die Phönizier über den Rio Arade nach Silves fahren möchtest, kannst du in der Marina von Portimão das solarbetriebene *Sunboat (Abfahrt tidenbedingt | 4½ Std. mit 1½ Std. Aufenthalt in Silves | 35 Euro, Kinder 10–14 J. 17,50 Euro | algarvesunboat.com)* nehmen. Herrlich wandern kannst du am Stausee *Barragem do Funcho*, 18 km nordöstlich von Silves. In der Nähe von Algoz (s. S.115) zieht der Streichelzoo *Krazy World (tgl. 10–18, im Sommer bis 18.30, im Winter bis 17.30 Uhr bzw. zeitweise geschlossen | Eintritt 16,95 Euro, Kinder (4–10 J.) 9,95 Euro | krazyworld.com)* vor allem Familien mit kleinen Kindern an. Am lustigsten sind definitiv die Lemuren! Menschliche Wasserratten tummeln sich im Rutschenpool.

Bester Ausblick vom höchsten Gipfel der Algarve: Fóia

STRÄNDE

Eine schöne, vor allem bei einheimischen Familien beliebte Süßwasser badestelle findest du an einem Seitenarm des Rio Arade im *Parque Municipal do Sitio das Fontes* zwischen Silves und Estômbar *(7 km südwestlich von Silves)*. Im „Quellenpark" kannst du auch super picknicken – aber Achtung, am Wochenende wird's voll!

RUND UM SILVES

1 ALGOZ

14 km östlich von Silves/15 Min. mit dem Auto über die N 269

Algoz ist ein beschauliches Provinznest, das an sich nichts Nenneswertes zu bieten hat. Doch in seiner Nähe, an der Straße nach Ferreiras, liegt die *Quinta dos Avós (Di–Sa 10–12.30 u. 14–18 Uhr (Jan. geschl.) | facebook: QuintaDosAvos.pt)*. In diesem Konditoreigeschäft mit eigener Fabrik kannst du dich mit traditionellen, einst in den Klöstern erfundenen Süßspeisen der Algarve eindecken. *J6*

MONCHIQUE

(F4) **Du möchtest mal ein bisschen Bergluft schnuppern? Dann auf in die ★ Serra de Monchique, am besten mit Wanderschuhen im Gepäck! Von den Küstenorten rund um Portimão bist du in weniger als einer Stunde auf dem höchsten Gipfel der Algarve, dem 902 m hohen Fóia. Doch auch dem Bergstädtchen Monchique solltest du einen Besuch abstatten.**

Das dörflich wirkende Monchique (4400 Ew.) liegt auf etwa 460 m in der „Kerbe" zwischen den beiden Hauptbergen des Gebirges, kleine Gässchen ziehen sich den Hang hinauf, und in vielen Cafés und typischen Lokalen kannst du eine Pause einlegen – denn die hast du dir verdient, wenn du zuvor die Serra wandernd erkundet hast. Viele Tagestouristen fahren ja lediglich zur Kuppe der *Fóia* hinauf, die zwar (an schönen Tagen) grandiose Fernblicke bietet, aber auch von weniger ansehnlichen Masten verschandelt wird. Doch den wahren Reiz des Gebirges erlebst du, wenn du durch Korkeichenwälder hinauf zum *Picota* (773 m) wanderst, eine Mountainbiketour unternimmst oder dich auf botanische Entdeckungstouren begibst – schließlich ist das Küstengebirge mit einer Vielfalt von über 1000 Pflanzenarten gesegnet. Vor allem im Frühjahr, wenn die Zistrosen, die wilden Orchideen, Kamelien, Azaleen und Rhododendren blühen, fühlst du dich wirklich wie im Garten der Algarve.

Auch mit dem Auto bekommst du einen schönen Eindruck von der Landschaft, die bei den verheerenden Waldbränden im August 2018 ziemlich gelitten, sich aber in den vergangenen Jahren etwas erholt hat. Eine reizvolle Strecke führt von Monchique über Alferce nach São Marcos da Serra

(N 267), alternativ gibt es von Süden kommend eine tolle Route durch das fruchtbare Tal der Ribeira de Odelouca (bei Porto de Lagos auf der N 124 Richtung Silves bleiben, dann links Richtung Barragem de Odelouca abbiegen). Die Straße führt letztlich auch nach *Alferce* *(◫ G4)* – unterwegs lohnt sich aber unbedingt ein Abstecher zum Stausee Barragem de Odelouca, wo du wunderbar picknicken kannst. Der Odelouca-Stausee ist einer der wichtigsten Wasserversorger der Region. Apropos Wasser: Rund um Monchique gibt es dank des vulkanischen Bodens mehrere Quellen *(fontes)* mit bestem Wasser. Mach es wie die Einheimischen: Nimm leere Flaschen mit und füll sie!

INSIDER-TIPP
Schlenker zur Talsperre mit Aussicht

SIGHTSEEING

IGREJA MATRIZ

Viele Monchiqueiros suchen ihre Dorfkirche aus dem 15./16. Jh. täglich auf; Touristen kommen wegen des Portals. Es wird von einem kordelartigen Steinbogen umgürtet, der in wuchtigen Knoten ausläuft: typisch manuelinisch. Sehenswert ist auch der geschnitzte Altaraufsatz aus Kastanienholz mit der Heiligenfigur *Nossa Senhora da Conceição* aus dem 18. Jh.

NOSSA SENHORA DO DESTERRO

Ein gut markierter kleiner Wanderweg führt vom Dorfplatz Largo dos Chorões erst durch das Dorf und dann durch einen Korkeichenwald hinauf zum 1631 geweihten Franziskanerkloster. Oder besser gesagt zu dem, was davon übrig ist, denn beim Erdbeben 1755 wurde es zerstört und dann aufgegeben. Von hier oben hast du einen sehr schönen Blick über den Ort.

ESSEN & TRINKEN

Wenn du zum Fóia-Gipfel hochfährst, passierst du einige rustikale Ausflugslokale, in denen du gut einkehren kannst. Lohnenswert ist ein Abstecher zum Bergrestaurant *Jardim das Oliveiras (So-Abend und Di geschl. | Sítio do Porto Escuro | Tel. 282912874 | jardimdasoliveiras.com | €€)*, die Zufahrt ist an der Strecke hoch zur Fóia ausgewiesen. Das von Olivenhainen umgebene Restaurant mit seinem tollen Außenbereich ist weithin für seine deftigen Wurst- und Fleischgerichte, auch vom Wildschwein, bekannt. Aber auch in Monchique selbst kannst du wunderbar schlemmen:

A CHARRETTE

Wunderbar gemütlich sitzt du in echtem Monchique-Ambiente mit rustikalem Charme. Wildschwein, Lammeintopf, schwarzes Schwein und andere Serra-Spezialitäten stehen auf der Karte. Die gibt's nur auf Portugiesisch – aber warum sich nicht auf ein Abenteuer einlassen? Gute Weine helfen dabei … *Mi geschl. | Rua Dr. Samora Gil 30–34 | neben dem Rathaus | Tel. 282912142 | €€*

ÓCHÃLÁ

Wenn du vom Dorfplatz Largo dos Chorões die kleine Fußgängergasse

Zwischen allerlei (Kunst-)Handwerk sind in Monchique auch Scherenstühle zu finden

hinaufgehst, kommst du zu diesem freundlichen Teehaus, in dem auch köstliches hausgemachtes Gebäck, Sandwiches, Salate und kleine vegetarische Gerichte serviert werden. *So (im Winter auch Sa) geschl. | Rua Doutor Samora Gil 12 | Tel. 282 91 25 24 | €*

SHOPPEN

Der Ort hat gute Geschäfte für Keramik, Holz-, Korb- und Lederwaren. „Scherenstühle" gehören zu den beliebtesten Mitbringseln aus der Serra (wobei du den Heimtransport gut planen solltest). Sie gehen auf antike römische Modelle zurück – die ersten Klappstühle der Geschichte. Immerhin kurten die alten Römer ja vor 2000 Jahren im nahen Badeort Caldas. Und dann gibt's da ja noch den *Medronho* ... Den findest du etwa in der *Loja de Mel e Medronho*, einer wahren Schnaps-Boutique, am Dorfplatz. Über 50 Produzenten haben sich zusammengeschlossen, um hier ihre Feuerwasser zu verkaufen. Du darfst den hochprozentigen *Medronho* oder die etwas lieblichere (mit Zimt und Honig verfeinerte) *Melosa* im Laden auch probieren.

SPORT & SPASS

Die Serra ist ein traumhaft schönes Gebiet zum Wandern und Biken. Ein Netz aus zahllosen Straßen, Wegen und Pfaden überzieht die Bergmassive Fóia und Picota sowie die Täler. Der Wanderweg *Via Algarviana* führt quer hindurch. Viele Biker strampeln zur 902 m hohen Fóia hinauf, um dann

Grundlage für den typischen Algarve-Schnaps: die roten Früchte des Erdbeerbaums

fast 35 km weit hinab zur Küste zu rollen. Autofahrer müssen hier vor allem am Wochenende aufpassen. Eine wundervolle geführte Mountainbiketour von der Fóia bis zur Ria do Alvor (also hauptsächlich bergab!) kannst du mit dem Team von *Outdoor Tours (outdoor-tours.com)* unternehmen, sie stellen die Räder, zeigen dir tolle Ecken der Serra und sorgen für einen urigen Mittagsimbiss in der Dorfkneipe von Casais.

INSIDER-TIPP
Mit Kennern den Berg runter!

WELLNESS

Wenn es einen Ort an der Algarve gibt, wo du ganz traditionell thermalbaden kannst, dann hier: in Caldas de Monchique (s. S. 120). Im dortigen Badehaus können sich Thermalgäste im 32 Grad warmen Wasser entspannen, in den Hotels gibt es Sauna, Vichy-Dusche, Wellness- und Schönheitsprogramme. Die Anwendungen mit den heilenden Wassern des Monchiquegebirges buchst du über den Hotelkomplex *Villa Termal Caldas de Monchique Spa Resort (monchiquetermalresort.com/de/thermal-spa)*. Alternativ kannst du dich im Spa des nahe gelegenen (moderneren) *Monchique Resort & Spa (monchiqueresort.com)* massieren lassen.

AUSGEHEN & FEIERN

FRIDAYHAPPINESS ASSOCIAÇÃO

Ein ziemlich abgefahrenes Konzept: Freiwillige (man könnte sie auch Hippies nennen) halten die alternative Farm am Laufen und organisieren jeden Freitag die legendäre *Pizzanight Algarve*. Für 15 Euro/Monat wirst du Mitglied des Vereins (das ist auch für nur einen Monat möglich, auch für 20 Euro, wenn du die Wiederaufforstung nach dem verheerenden Waldbrand 2021 unterstützen möchtest) und darfst kommen und mitfeiern, auch bei der Mittwochs-Jam-Session oder anderen Events. Es erwartet dich eine lange, durchtanzte Nacht, bei der du mit Sicherheit viele spannende Leute kennenlernst. *Fr ab 18 Uhr | Tojeiro | etwa zwischen Marmelete und dem Autódromo | fridayhappiness.org*

RUND UM MONCHIQUE

2 MEDRONHO-DESTILLE BEI MATA PORCAS

2 km nördlich von Monchique/ca. 5 Min. mit dem Auto über die M 501

Wenn du den berühmten Medronho nicht nur kosten, sondern auch erfahren willst, wie genau das feurige Gesöff gebrannt wird, statte Senhor António *(Tel. 282 91 27 10)* oberhalb des Weilers Mata Porcas einen Besuch ab. Er produziert auch Honig, den kann er gut für die Herstellung der etwas lieblicheren *Melosa* (*Medronho* + Honig + Zimt) gebrauchen. Den Schnaps gibt es auch in manchen Supermärkten, aber der ist kommerziell hergestellt – bei Senhor António hingegen schmeckt der Medronho um einiges besser, also: Unbedingt probieren! *F4*

INSIDER-TIPP
Nur ein winziger Schluck ...

3 FÓIA

8 km westlich von Monchique/ 15 Min. mit dem Auto über die N 266-3

Nach der faszinierenden Anfahrt ab Monchique stören oben auf dem Gipfelplateau (902 m) die nackten Antennen und Radaranlagen. Aber die Aussicht ist trotzdem fantastisch! Nimm eine Jacke mit – hier bläst oft ein kühler Wind. Im Umland sind verlassene Höfe und Dörfer mit ihren ehemals

ERDBEERBAUM-TRAUM: MEDRONHO

Der Schnaps selbst wird ja aus den reifen Früchten des Erdbeerbaums gebrannt, doch an Erdbeeren erinnert hier nur die Farbe. Die Bauern sammeln die Früchte im Herbst mühevoll ein – in den Bergen, denn der *medronheiro* lässt sich nicht in Plantagen anpflanzen. Sie brauchen etwa 8 (!) Kilo, um dann im Frühjahr knapp einen Liter Schnaps daraus zu brennen ... Eine Wahnsinnsarbeit! Allein das Feuern ist aufwendig, denn der *„Aguardente de Medronho"* soll gleichmäßig aus der Destille fließen, also muss die Temperatur immer gleich sein. Tag und Nacht wird gebrannt, alle Nachbarn helfen mit, bis die Holzfässer, in denen die Früchte im Winter gegoren haben, leer sind. Und die Flaschen voll. Nicht jeder, der zu Hause brennt, hat dafür eine Lizenz. Doch um die Tradition am Leben zu erhalten, wird so manch ein Auge zugedrückt.

mühevoll erbauten Terrassen stille Zeugen einer einstigen landwirtschaftlichen Blütezeit. Auf dem Rückweg lohnt sich nach knapp 2 km rechter Hand ein Zusatzstopp am *Miradouro da Fonte Santa*, hier befindet sich eine der 🐷 Quellen, an der du dir kühles, frisches Bergwasser abzapfen kannst. *🕮 F4*

4 PICOTA

4 km östlich von Monchique/ca. 1 Std. wandernd

Die Aussicht von diesem Granitgipfel (773 m) ist vielleicht noch faszinierender als die vom Fóia-Gipfel: Bei guter Sicht liegen dir der gesamte Küstenstreifen der Felsalgarve und das halbe Alentejo zu Füßen. Wie gelangst du hier hoch? Es gibt zwar eine Piste, die von der Straße nach Alferce ausgeschildert ist, doch viel schöner ist es, den Picota über den markierten Via-Algarviana-Weg zu erwandern (hin- und zurück ca. 6 km) – denn dabei kommst du durch wundervolle Korkeichenwälder, die von den schlimmen Waldbränden 2018 teilweise sogar verschont blieben. *🕮 F4*

5 CALDAS DE MONCHIQUE ★

5 km südlich von Monchique/ 8 Min. mit dem Auto über die N 266

Schon die Römer kurierten hier ihr Rheuma sowie Krankheiten der Haut und der Atemwege. Die Belle-Époque-Häuser des Orts sind restauriert, neue Gebäude hinzugekommen, der kleine Thermalort ist einfach lauschig! Aus den Thermalquellen sprudeln täglich an die 2 Mio. Liter. Das Wasser aus dem Bergort wird – in Flaschen abgefüllt – als *„Água de Monchique"* in ganz Portugal verkauft. Streif umher, genieß die frische Luft und die romantische Stimmung! Zur Einkehr bietet sich das einfache, aber freundliche und überraschend gute und günstige Grill-Restaurant *Café Império (Di geschl. | N266 Nr. 240 | Tel. 2 82 91 22 90 | €)* an – sowie das edle *Restaurante 1692 (Tel. 2 82 91 09 10 | €€€)*, wo du auch schön draußen unter hohen Bäumen sitzen kannst. *🕮 F4*

LOULÉ

(🕮 L6) **Hier spielt die Musik! Mehrmals im Jahr versinkt die Stadt in Feierlichkeiten, vor allem im Februar – Loulé ist eine der Karnevalshochburgen Portugals. Das religiöse Marienfest für die Mãe Soberana sorgt nach Ostern mit Prozessionen für volle Straßen und das Worldmusic-Festival MED alljährlich Anfang Juli für ausgelassene Stimmung vor den Bühnen in der Altstadt.**

Aber auch wenn nicht gerade ein Fest gefeiert wird – ★ Loulé (25 000 Ew.) ist ein äußerst reizendes und liebenswertes Städtchen. Du kannst das Zentrum wunderbar zu Fuß erkunden: Schlender durch die hübschen Altstadtgässchen mit ihren maurischen Spuren, stöber in den sympathischen Geschäften der Innenstadt und schau vor allem in die riesige Markthalle. Die 1908 eingeweihte, neomaurische Halle ist – mit ihren Zwiebeldächern und den hufeisenförmigen Bögen –

Irgendwas gibt's immer zu feiern in Loulé, hier: die Festa da Mãe Soberana

schon von außen ein Hingucker. Doch in ihrem Inneren erst! Es herrscht emsiges Treiben an den aufwendig hergerichteten Ständen, und du findest nicht nur Obst, Gemüse, Brot, Käse und Fisch, sondern auch eine große Auswahl an Kunsthandwerk, regionalen Produkten wie Kork oder Keramik und anderen beliebten Mitbringseln. Dass die Markthalle das repräsentativste Gebäude der Stadt ist, erkennst du übrigens auch an ihrer prominenten Lage direkt an Loulés Hauptachse und neben dem alten Rathaus. Dahinter winden sich die Gässchen der Altstadt Richtung Kirche oder Kastell: Hier bist du bereits im alten Siedlungskern der maurischen Stadt *Al-Ulyá*, „die Höhere", – schließlich liegt Loulé schon im fruchtbaren Hügelland des Barrocal.

SIGHTSEEING

ALTSTADT

Eigentlich sind es nur zwei, drei Gässchen, die sich vom Kastell bis zur Kirche ziehen, doch die sind so malerisch, dass man sie gern mehrmals abläuft. Am nördlichen Rand des kleinen *Centro Histórico* lohnt sich gegenüber der Burg ein Blick in die Kapelle *Nossa Senhora da Conceição* (*So/Mo geschl. | Eintritt frei*), nicht nur wegen ihrer bildschönen Azulejos und dem vergoldeten Schnitzwerk aus dem 18. Jh., sondern auch wegen der Reste der maurischen Stadtmauer, die unter dem Glasboden zu sehen sind. Ein paar Schritte weiter haben Archäologen am lauschigen *Largo Dom Pedro*

INSIDER-TIPP
Fantastische Fliesen und altes Gold

Bunte Sonnensegel beschatten diese Altstadtgasse in Loulé

einen islamischen Hamam freigelegt: Er verbirgt sich unter dem einstigen Herrenhaus Casa Senhorial dos Barreto aus dem 15. Jh. *(Di–So 10–12.30 u. 13.30–18 Uhr | Eintritt frei | ⏲ 15 Min.).* Auch an der Pfarrkirche *Igreja de São Clemente* am südlichen Altstadtrand gibt es Spuren der Mauren: Ihr Glockenturm war einst ein Minarett, die Christen bauten ihre Kirche im 13. Jh. wie so oft über die alte Moschee. Gegenüber befand sich ein maurischer Friedhof, heute kannst du im *Jardim dos Amados* unter Araukarien die Seele baumeln lassen.

CASTELO & MUSEU DE LOULÉ

In Teilen der einst maurischen Burg aus dem 12. Jh. ist Loulés Stadtmuseum eingezogen. Der Besuch lohnt sich vor allem aus einem Grund: Du kannst auf die noch vorhandenen Burgtürme steigen und Loulé von oben betrachten! Darüber hinaus gibt es eine interessante archäologische Ausstellung (u. a. mit römischen Amphoren und Keramik) anzuschauen und eine komplett eingerichtete Bauernküche aus der Mitte des 20. Jh. *Di–Sa 10.30–13.30 u. 14.30–18 Uhr | Eintritt 1,62 Euro | Rua D. Paio Peres Correia 17 | museudeloule.pt | ⏲ 45 Min.*

NOSSA SENHORA DA PIEDADE

Sie sieht ein bisschen aus wie ein Ufo, die moderne Wallfahrtskapelle auf dem Hügel etwas westlich der Stadt. Daneben erscheint die kleine Renaissancekapelle aus dem Jahr 1553 direkt mickrig. Sie wurde mit der Zeit zu klein, schließlich gehört die alljährliche *Festa da Mãe Soberana* zu den größten Marienwallfahrten Portugals. Bei der alljährlichen Osterprozession schleppen acht starke Männer eine 360 kg schwere Marienstatue von hier hinab zur Franziskuskirche und zwei Wochen später, zum Höhepunkt der Feierlichkeiten, wieder hinauf. In einem Affenzahn wohlgemerkt. Und das schon seit 500 Jahren.

ESSEN & TRINKEN

BOCAGE

Von außen sieht das Lokal total unscheinbar aus, und auch die Inneneinrichtung ist eher schlicht gehalten – doch das Essen ist wirklich köstlich! Hier findest du authentische algarvische Gerichte ohne großen Schnickschnack, mittags werden günstige Tagesgerichte serviert. Aus gutem Grund solltest du reservieren! *So geschl. | Rua Bocage 14 | Tel. 289041 2416 | restaurantbocage.com | €*

CAFÉ CALCINHA

Vom Analphabeten zum sozialkritischen, aber gleichzeitig romantischen Heimatdichter – das ist die Geschichte des Herrn, der auch 70 Jahre nach seinem Tod noch vor seinem Lieblingscafé sitzt: António Aleixo, für ewig in Bronze gehauen. Das historische Café selbst wurde kürzlich wiedergeboren, seine elegante Kaffeehausatmosphäre ist geblieben. Es gibt nicht nur Kaffee und Kuchen, sondern auch deftige Snacks und Gerichte. Manchmal werden abends Lesungen, Fado-Vorführungen oder Pianokonzerte veranstaltet. *Mo geschl. | Praça da República | Mobiltel. 964066842 | facebook: cafecalcinha | €*

INSIDER-TIPP
Kultur im Literaten-Café

11 DA VILLA

Das junge Team der Bistro- und Tapas-Bar im Herzen der Altstadt versprüht frischen Kulinarikwind in den alten Gemäuern. Das World-Food-Menü wechselt ständig – es soll ja schließlich nicht langweilig werden (dafür sorgen übrigens auch die regelmäßig veranstalteten Live-Music-Acts). Also vergiss nicht zu reservieren, probier dich durch und genieß einfach den Abend! *Mi–So 17–1 Uhr, im Sommer auch Di, | Largo D. Pedro I. | Mobiltel. 915744972 | facebook: 11daVilla | €€*

SHOPPEN

Klar, in Loulé dreht sich alles um die *Markthalle (Mo–Sa 7–15 Uhr)*. Sie ist aber auch wirklich eine gute Adresse für den Kauf von Kunsthandwerk und Kulinaria, samstags vormittags wird rund um die Halle zusätzlich ein Wochenmarkt abgehalten.

Nette kleine Geschäfte und Kunsthandwerksboutiquen zum ausgiebigen Stöbern findest du in der Fußgängerzone *Rua 5 de Outubro*, entlang der Praça da República sowie im historischen Zentrum.

Kleine Pause auf dem Kirchhof von Barranco do Velho

RUND UM LOULÉ

6 ALTE

25 km nordwestlich von Loulé/ 30 Min. mit dem Auto über die N 124

Feigen- und Orangenhaine umrahmen den Ort (1750 Ew.). Lauschige Plätze, Quellen, ein Bach, Gassen und vor allem zahlreiche farbenfrohe Blumen in Hängetöpfen und an hübschen Balkongeländern geben Alte eine typisch „hinterländische" Atmosphäre. Das Dorf feiert übrigens einen erstaunlich ausschweifenden Karneval. *K5*

7 ROCHA DA PENA

21 km nördlich von Loulé/30 Min. mit dem Auto über die EM 525

Faszinierende Steinwälle aus der Eisenzeit, 120 Vogelarten, 500 Pflanzenarten – bei einem Rundwanderweg, beginnend an der (nicht unbedingt zu empfehlenden) *Bar das Grutas* am Fuß des Tafelbergs, startet das Naturerlebnis. Du bewältigst etwa 200 Höhenmeter, und machst zunächst einen Abstecher an die Nordkante mit Blick auf die Serra do Caldeirão, bis du an der höchsten Stelle des Plateaus auf 485 m eine Prachtsicht über die ganze Gegend hast. Nachdem du das Mini-Dörfchen Penina mit seiner schummrigen Dorfkneipe durchquert hast, geht es über eine Sandpiste zurück zum Ausgangspunkt. *K5*

8 SALIR

15 km nördlich von Loulé/20 Min. mit dem Auto über die EM 525

Salir (2500 Ew.) ist ein typisches Hinterlanddorf. Von einer maurischen Burg auf einem Hügel sind nur ein paar Mauerreste übrig, die Gegend drum herum war aber schon vor über 4000 Jahren besiedelt. Von der Burg aus führt eine landschaftlich reizvolle Strecke über die N 124 (achte auf Adler, die über den Korkeichen- und Eukalyptuswäldern kreisen!) nach *Barranco do Velho*, das bereits in der Serra do Caldeirão liegt und mit dem alteingesessenen Lokal *Tia Bia (Mo- u.*

INSIDER-TIPP
Probier mal die migas!

So-Abend geschl. | Tel. 2 89 84 64 25 | atiabia.com | €–€€) ein Kleinod für algarvische Hausmannskost vom Allerfeinsten bietet.

Noch schöner als die Landstraße ist die landschaftlich abwechslungsreiche Etappe 6 des Fernwanderwegs *Via Algarviana* zwischen Barranco do Velho und dem niedrigeren Salir *(15 km, ca. 5 Std. Wanderzeit).* *L5*

9 FONTE BENÉMOLA

10 km nördlich von Loulé/15 Min. mit dem Auto über die EM 525

In beschaulich-ländlicher Umgebung liegt das Quellengebiet der Fonte Benémola. Hier kannst du wunderbar wandern und picknicken, ein 4,5 km langer Rundweg ist markiert. Auf dem Weg zum Wanderparkplatz kommst du an *Querença* vorbei – einem niedlichen Örtchen mit hübschem Kirchplatz und urigen Dorfcafés. *M5*

10 SÃO BRÁS DE ALPORTEL

13 km östlich von Loulé/ 18 Min. mit dem Auto über die N 270

In dem beschaulichen Provinzstädtchen (11 250 Ew.) gibt es zwei Indoor-Besichtigungspunkte, die sich bestens für Regentage anbieten: zum einen die im Gewerbegebiet gelegene Korkfabrik *Eco Cork Factory (45-min. Führungen Mo–Fr 10 u. 14, Sa 10 Uhr nach Voranmeldung mind. 24 Std. vorher über die Website | 14,50 Euro | Sítio da Mesquita Baixa | eco-corkfactory.com)*, in der du erfährst, wie aus den Rinden der Korkeichen Flaschenkorken und andere Produkte entstehen. Zum anderen lohnt ein Besuch des Heimatmuseums *Museu do Traje (Mo–Fr 10–13 u. 14–17, Sa/So 14–17 Uhr | Eintritt 2,50 Euro | Rua Dr. José Dias Sancho 61 | museu-sbras.com | 1 Std.)* im Ortszentrum mit Kulturprogramm, einem netten Café, historischen Kutschen auf dem Hof und wechselnden Ausstellungen. *N6*

SCHÖNER SCHLAFEN IM HINTERLAND

DEM HIMMEL GANZ NAH

Sternegucken im Salzwasserpool, Yoga auf dem Sonnendeck, Aussicht genießen auf 550 m Höhe, Seele baumeln lassen in der von Korkeichen beschatteten Hängematte – das frisch renovierte Berghotel *Vila Foia (12 Zi. | Corte Pereiro | Monchique | Tel. 2 82 91 01 10 | €€)* wird dich begeistern, wenn du Ruhe suchst und die Natur liebst. Es gibt sogar einen beheizten Outdoor-Whirlpool! Sollte es draußen zu frisch sein, mach es dir mit einem Buch vor dem Kamin im gemütlichen Gemeinschaftsraum equem. Von diesem 3-Sterne-Hotel aus ist es nicht weit zum höchsten Gipfel der Algarve oder in das Bergstädtchen Monchique. Um herumzukommen, ist ein Auto allerdings unabdingbar, vor allem, wenn du auch mal einen Abstecher zur Küste machen möchtest. Nach dem Trubel dort wirst du allerdings sehr froh sein, zurück in dein tiefenentspannendes Bergrefugium zu kommen!

ERLEBNIS TOUREN

Lust, die Besonderheiten der Region zu entdecken? Dann sind die Erlebnistouren genau das Richtige für dich! Ganz einfach wird es mit der MARCO POLO Touren-App: Die Tour über den QR-Code aufs Smartphone laden – und auch offline die perfekte Orientierung haben.

1 VOLLER NATUR: DER WILDE WESTEN

- Raue, weitgehend unberührte Küstennatur an der Costa Vicentina
- Spektakuläre Ausblicke am südwestlichsten Kap Europas
- Badestopps an einsamen Stränden

Lagos — Salema

130 km — 1 Tag, reine Fahrzeit 4 ½ Stunden

Achtung: Auf manchen Abschnitten wie den Zubringerpisten zu den Stränden ist nur langsames Fortkommen möglich.

Zu diesem Strand ist kein Weg zu weit: Praia da Bordeira bei Carrapateira

LECKERE KEKSE AUF DEM WEG ZUR BURGRUINE

Los geht's in ❶ Lagos ➤ S. 68. *Richtung Bensafrim fährst du über die N 120 aus der Stadt hinaus.* Bald schon beginnt eine ländlich-fruchtbare Welt mit sämtlichen Schattierungen der Farbe Grün, mit Orangen- und Zitronenbäumen. Was für ein Kontrast zum Küstenland! Hinter dem Durchgangsort Bensafrim zieht sich die N 120 in Aufs und Abs durch das Grün, zu dem Buschland und Eukalyptus, Kiefern und Korkeichen gehören. Von links stößt die Straße aus Sagres hinzu – dein erstes Ziel heißt ❷ Aljezur ➤ S. 102. Parken kannst du gut auf dem großen Schotterplatz direkt hinter der Brücke rechts, gegenüber der Markthalle, in der du übrigens auch die hier in Aljezur gebackenen *Delicias de Aljezur* kaufen kannst – Plätzchen mit Mandel-, Süßkartoffel- oder Johannisbrot-Geschmack. Den historischen Teil von Aljezur erkundest du am besten zu Fuß: Über die Brücke und durch die Gässchen spazierst du hinauf bis zur Burgruine hoch über der Stadt – von hier oben hast du eine grandiose Aussicht zum Meer. Einst haben hier die Mauren Ausschau gehalten, Aljezur war schließlich – wie der Name schon verrät – eine maurische Siedlung.

INSIDER-TIPP
Köstliche Kekse kaufen

❶ **Lagos**
32,5 km 32 min

❷ **Aljezur**
8,5 km 48 min

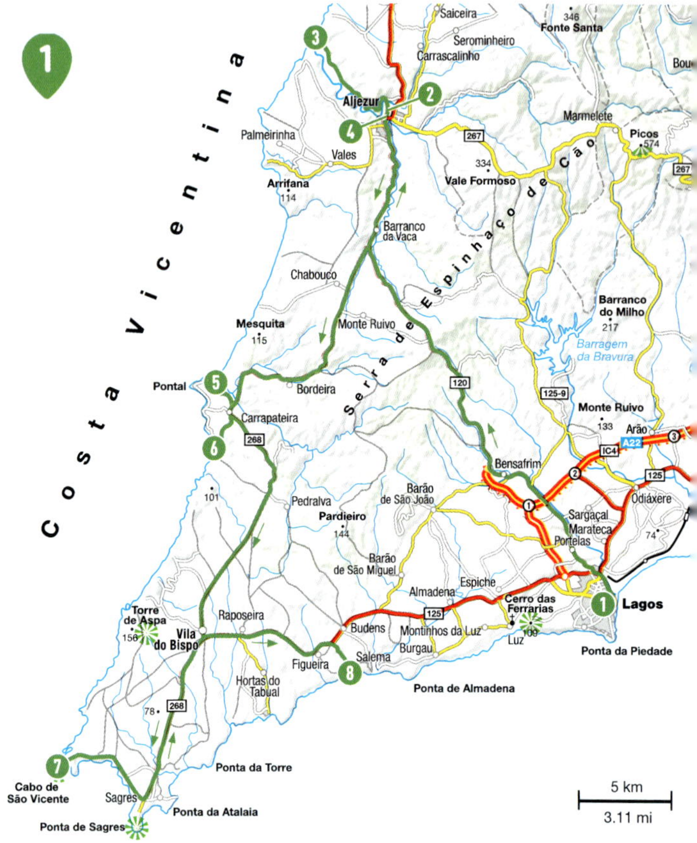

③ Praia da Amoreira
7,5 km 15 min

④ Pont'a Pé
21,5 km 14 min

EINE DER SCHÖNSTEN BUCHTEN

Danach ist es Zeit für die Fahrt zur Costa Vicentina. *Ein paar Kilometer nordwestlich von Aljezur* breitet sich die ③ Praia da Amoreira aus (beschilderter Abzweig), ohne Zweifel eine der schönsten Buchten der Westküste Portugals. Stürz dich hier in die Fluten des Atlantiks. Das Toben in den Wellen macht Appetit, nach dem Abstecher zum Strand hältst du auf dem Weg zurück Richtung Süden noch mal in Aljezur und kehrst im angesagten Lokal ④ Pont'a Pé ➤ S. 104 ein. So manches Gericht dort (etwa Thunfischsteak) wird von den typischen Süßkartoffeln begleitet, die hier wachsen.

LAGUNE UND SPAZIERGANG MIT AUSSICHT

Nach dem Essen *führt die Landstraße N 268 von Aljezur nach Süden* durch dünn besiedeltes Gebiet. Linker Hand taucht Bordeira auf, doch du steuerst den nächsten Ort an: Carrapateira ➤ S. 106. *Hier fährst du nach rechts zur* ⑤ Praia da Bordeira ab. Eine Lagune wird hier durch eine Düne vom Meer abgeschirmt. Lauf ein Stück über den markierten Fernwanderweg *Rota Vicentina*, von der Anhöhe hast du super Aussichten über den Strand. Theoretisch könntest du sogar bis zum nächsten Strand wandern (ca. 7 km), manche fahren auch einfach über die Schotterpiste. Bewahre die Wanderer vor der Staubwolke und *nimm die echte Straße zur* ⑥ Praia do Amado, einem weiteren fantastischen Surferstrand.

⑤ Praia da Bordeira
4 km 9 min

⑥ Praia do Amado
30 km 35 min

LEUCHTTURM UND FRISCHER FISCH

Weiter geht es über Vila do Bispo und den Festungs- und Hafenort Sagres ➤ S. 98 zum ⑦ Cabo de São Vicente ➤ S. 101. Das wilde Küstenpanorama um den Leuchtturm im Nachmittagslicht ist kaum zu toppen. Wenn dich hier der kleine Hunger erwischt, kannst du an der legendären Bude die „letzte Bratwurst vor Amerika" erstehen. Zum Abschluss der Tour legst du *ab der N 125 einen letzten Abstecher an der Südküste ein.* Ziel ist ⑧ Salema mit seinem herrlichen Strand. Einige Restaurants verlocken zur Einkehr, das Restaurante Boia ➤ S. 75 zeichnet sich durch eine besonders gute Lage über dem Strand von Salema und super Fisch aus.

⑦ Cabo de São Vicente
24 km 24 min

⑧ Salema

Küstenspotting am Nachmittag: Cabo de São Vicente

❷ BURGEN UND MEHR: DER UNBEKANNTE OSTEN

➤ Panoramafahrt entlang des Rio Guadiana
➤ Abstecher in den Alentejo und in die Zeit der Mauren
➤ Abenteuerliche Grenzerfahrung in Alcoutim

Castro Marim

Vila Real de Santo António

160 km

1 Tag, reine Fahrzeit 3 ½ Stunden

Mitnehmen: Fernglas
Achtung: Montags sind die Sehenswürdigkeiten in Mértola geschlossen.
Reservierung Zipline: *Mobiltel. 0034 670 313 933* oder *limitezero.com*.

❶ Castro Marim
37,5 km 52 min

ZEITREISE IM CASTELO

Lass die Zeitreise beginnen! Erster Stop ist ❶ Castro Marim ➤ S. 61, das 6 km nördlich von Vila Real liegt. Schon aus weiter Ferne siehst du das Castelo auf einem Hügel aufragen. Diese Burg, die im 14. Jh. den mächtigen Christusrittern gehörte, will von dir erobert werden! Den schweißtreibenden Aufstieg zum Castelo belohnt der tolle Blick über das Flachland am Rio Guadiana und auf das Naturschutzgebiet Reserva Natural do Sapal de Castro Marim ➤ S. 62, in dem sich auch Flamingos tummeln.

VOGELSCHAU UND ZIPLINE ÜBER DIE GRENZE

Nach der Burgbesichtigung geht es *auf der N 122 (IC 27) nach Norden. Etwa 12 km hinter Castro Marim biegst du rechts nach Foz de Odeleite ab* und fährst ab jetzt längs des breiten, von Ebbe und Flut bestimmten Rio Guadiana ➤ S. 60 – ein herrliches Panorama! Der Grenzfluss ist 744 km lang, aber nur die letzten 50 km zum Meer sind schiffbar. In und über seinen Seitentä-

lern sind viele Vögel heimisch, auch seltene Arten. Für ② Alcoutim ➤ S. 63 solltest du dir mehr Zeit nehmen, denn hier erwartet dich ein luftiges, internationales Abenteuer! Wie wäre es, mit einer Zipline von einem Land zum andern zu rauschen? Limitezero *(wechselnde Öffnungszeiten siehe Buchungsplattform auf der Website; Achtung, es gilt die spanische Uhrzeit, also eine Stunde später als in Portugal!)* macht's möglich; die Zipline ist über 700 m lang, die Maximalgeschwindigkeit liegt bei 80 km/h. Start ist in Sanlúcar de Guadiana auf der spanischen Seite – eine Fähre fährt in kurzen Abständen; die Überfahrt dauert etwa 3 Minuten. Wem der Flug über den Guadiana nicht ganz geheuer erscheint, der kann sich dem geschichtsträchtigen Castelo von Alcoutim widmen. Hast du mittlerweile vielleicht Hunger? In Ufernähe gibt's einige Einkehrmöglichkeiten, etwa das Tapas-Café Beira Rio *(Di. geschl. | €)*.

INSIDER-TIPP
In den Seilen zwischen Spanien und Portugal

② Alcoutim
45,5 km 62 min

AUF DEN SPUREN DER MAUREN

Nach dem Essen fährst du durch fast unbewohntes Gebiet hinein in den Alentejo, bis sich vor dir die Burg von ③ Mértola erhebt. Die Gässchen führen hinauf zur Igreja Matriz. Nirgendwo sind die Spuren der Mauren noch so sichtbar wie hier: hufeisenförmige Eingänge und eine islamische Gebetsnische im Innern, ausgerichtet nach Mekka! Kein Wunder, haben die Christen doch nach ihrer Reconquista einfach die alte Moschee weitergenutzt – einzigartig in Portugal! Krönung des Orts ist die Burg mit ihrem markanten Turm. Genieß die hübsche Aussicht und danach noch einen ordentlichen Mokka, ähh, Kaffee in einem der netten Cafés in der Altstadt.

③ Mértola
70,5 km 64 min

Nach einem ereignisreichen Tag am Ziel angekommen: Vila Real de Santo António

❹ **Praia de Santo António**

4,5 km 10 min

❺ **Vila Real de Santo António**

STAUSEESTOPP UND STIMMUNGSVOLLER TAGESAUSKLANG

Zurück geht es *südwärts auf der N 122 (IC 27)* – direkt und ohne weitere Abstecher – bis nach Vila Real de Santo António. Auf dem letzten Streckenabschnitt breitet sich rechter Hand der Stausee von Odeleite aus. Bevor du den Tag im Ort ausklingen lassen, fährst du aber auf zunächst teils sehr holpriger Straße noch *wenige Kilometer weiter parallel zum Fluss bis zur* ❹ **Praia de Santo António** – einem breiten, weniger bekannten Strand, der fast bis an die Mündung des Guadiana stößt und von Dünen begrenzt wird. Nach einem (Sonnen-)Bad lässt du dich in ❺ **Vila Real de Santo António** ➤ S. 59 durch das historische Zentrum treiben, bis dich die Lust auf ein ordentliches Abendessen in eines der vielen Cafés oder Restaurants am weiten, stimmungsvollen Hauptplatz zieht. Wie wäre es mit dem **Puro Café** *(tgl. | Rua 5 de Outubro 13 | Tel. 281512499 | €)* – eine allseits beliebte Adresse!

3 DURCHS URSPRÜNGLICHE HINTERLAND

- Proviant-Shopping in der schönsten Markthalle der Algarve
- Wanderrunde zu erfrischender Quelle
- Kork und Kultur im verschlafenen Städtchen

Loulé

São Brás de Alportel

30 km

7 Stunden, davon 1 Stunde Wanderzeit

Mitnehmen: Wanderschuhe, Wasser, Proviant
Achtung: Denk im Sommer für die Wanderung an Sonnenschutz (Kopfbedeckung)

EIN FEST FÜR DIE SINNE: DIE MARKTHALLE

Erster Stopp: die neomaurische **Markthalle** von 1 Loulé ➤ S. 120. Verlier dich zwischen Blumen, Bro-

1 Loulé
14,5 km 45 min

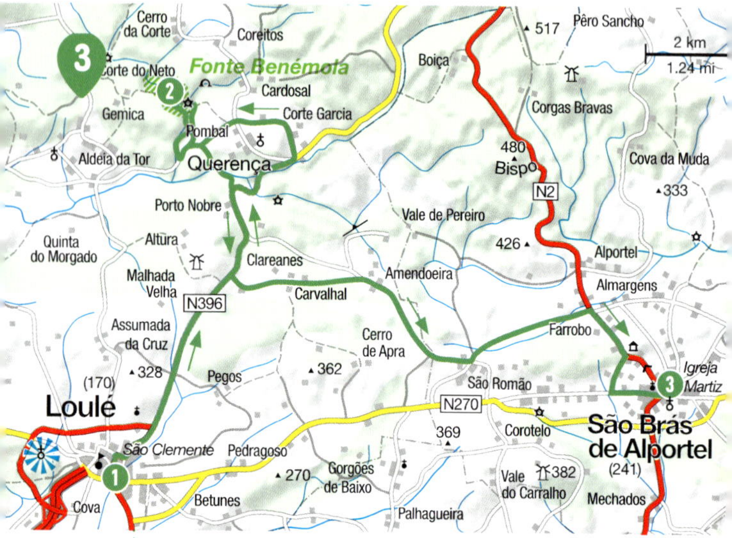

ten, Feigenschnitten und Fischen. Ein idealer Ort, um dich für die spätere Wanderung mit Obst, Wasser und Proviant einzudecken! Danach ist noch Zeit, dich durch die Gassen der Altstadt treiben zu lassen, erkunde auch das Castelo. Das altehrwürdige Café Calcinha *(Praça da República | facebook: cafecalcinha | €)* eignet sich bestens für ein zweites Frühstück.

ENTSPANNTES WANDERN DURCH ÜPPIGE NATUR

❷ Fonte da Benémola
17,5 km 63 min

So gestärkt fährst du nun *nordostwärts in Richtung Querença, folgst ab dort den Schildern* zum kleinen Landschaftsschutzgebiet ❷ Fonte da Benémola, das sich über 392 ha erstreckt. *Der Rundwanderweg ist mit gelb-roten Markierungen ausgewiesen, die Entfernung auf den Info-Schildern mit insgesamt 4,5 km angegeben.* Die Wanderung ist leicht, *es geht durch ein* – zumindest im Frühjahr – *üppig grünes Tal*. Nahe der sprudelnden Quelle von Benémola kannst du unter schattigen Bäumen Rast machen und picknicken, bevor du *das glasklare Wasser auf Betonpollern überquerst und an der gegenüberliegenden Talseite entlang zurück zur Straße und zum Parkplatz wanderst.*

SPANNENDE KULTURREISEN IM MUSEUM

Weiter geht es auf der N 396 und der N 2. In der alten Korkstadt ❸ São Brás de Alportel ➤ S. 125, in der noch heute Korkprodukte hergestellt werden, triffst du genau zur nachmittäglichen Öffnungszeit des Museu do Traje ➤ S. 125 ein. Nein, falsch gedacht: Dies ist kein verstaubtes Völkerkundemuseum, das sich auf Trachten beschränkt, sondern ein lokales Kulturzentrum, in dem regelmäßig interessante Veranstaltungen zu sehen sind. Ein Seitentrakt widmet sich der Korkgewinnung und -produktion, im weiten Hof erwartet dich eine Kutschensammlung – und die Museumsbar mit ihrer netten Sommerterrasse, auf der du deinen Ausflug Revue passieren lassen kannst.

❸ São Brás de Alportel

Ein farbenfrohes Fest für alle Sinne: Altstadtstraße neben der Markthalle in Loulé

GUT ZU WISSEN

DIE BASICS FÜR DEINEN URLAUB

ANKOMMEN

ANREISE

Wenn du einen Roadtrip planst, legst du zwischen Köln und Faro etwa 2400 km zurück. Schneller (und angesichts der Sprit- und Mautpreise auch günstiger) geht's per Flieger, z. B. mit Lufthansa, Tap, Eurowings, Easyjet, Ryanair und TUIfly von verschiedenen deutschen Flughäfen (teilweise mit Zwischenstop) nach Faro. Die Preise bewegen sich mittlerweile in etwa zwischen 200 und 500 Euro für einen Hin- und Rückflug.

In Faro angekommen, befinden sich in der Ankunftshalle die Schalter sämtlicher Autovermietungen. Auch Taxis stehen bereit. Alle Informationen zum Flughafen auf *ana.pt*. Wer vom Flughafen Faro in die Innenstadt fahren möchte, hat zwei Möglichkeiten: Entweder ein Taxi nehmen, hier zahlst du inklusive Gepäcktransport je nach Tageszeit um die 15 Euro. Der Taxistand ist ausgeschildert, sobald du aus dem Terminal kommst. Du kannst dir auch einen Transfer vorbestellen, etwa über die inoffizielle Informationsseite des Flughafens *(de.aeroportodefaro.com/taxis)*.

Natürlich gibt es auch Transfers in alle anderen Ecken der Region. Günstiger kommst du mit dem Linienbus *(2,35 Euro)* ins Stadtzentrum – mit den Buslinien Nr. 14 und 16, wobei die 16er-Linie etwa im Stundentakt (zeitweise auch Halbstundentakt) fährt, die 14-er-Linie hingegen nur fünfmal am Tag vorbeikommt. Die Haltestelle liegt nahe der Kurzzeitparkplätze, gegenüber dem Taxistand, du erkennst sie am Fahrplan der Busgesellschaft Próximo *(proximo.pt)*. Beide Buslinien fahren auch zum zentralen Busbahnhof, wo die Überlandbusse in die anderen Algarvestädte starten. Der Bus-

Willkommen im Land der Azulejos!

bahnhof liegt direkt in der Innenstadt. Wenn du deinen Algarve-Urlaub mit einem Städtetrip nach Lissabon verbinden möchtest, schau nach Direktflügen nach Lissabon. Einen guten Eindruck von der portugiesischen Hauptstadt bekommst du in zwei Tagen, danach nimmst du den Zug *(z. B. am Oriente-Bahnhof oder in Sete Rios, Verbindungen unter cp.pt)* Richtung Süden. Die Züge fahren Richtung Faro *(mind. 3 Std., ab 23 Euro)*, möchtest du nach Lagos *(ca. 4 Std., ab 23 Euro)*, musst du in Tunes umsteigen. Alternativ gibt es eine große Auswahl an Fernbussen ab Oriente oder Sete Rios in alle größeren Algarve-Orte *(z. B. nach Albufeira, 3 Std., 20 Euro)*.

- 1 Stunde Zeitverschiebung

In der Algarve gilt Greenwicher Zeit (WEZ = MEZ minus 1 Stunde). Da auch in Portugal die Sommerzeit gilt, ist es in der Algarve immer eine Stunde früher als in Deutschland.

EINREISEBESTIMMUNGEN

Um nach Portugal zu reisen benötigst du lediglich deinen Personalausweis – der EU sei Dank!

KLIMA & REISEZEIT

Europas Südwestkante liegt am eher frischen Atlantik, hat aber mediterranes Klima mit milden, schneelosen Wintern und zum Teil sehr heißen Sommern von Mai bis September. Jede Jahreszeit hat ihre Besonderheiten (s. auch S. 14) – im Sommer gehört neben Badezeug und Sonnencreme auch ein Jäckchen für die abendliche Brise ins Gepäck, im Winter schadet eine Regenjacke nicht.

WEITER-KOMMEN

MIETWAGEN & AUTO

Am günstigsten ist es, den Mietwagen im Voraus über die einschlägigen Portale zu buchen (je nach Dauer und Saison ab ca. 70 €/Woche für einen Kleinwagen). Du musst mindestens 21 Jahre alt sein und brauchst vor Ort neben Perso und Führerschein meist eine Kreditkarte. Die Leihfirmen haben Büros und Parkplätze am Flughafen Faro, viele liefern dir das Auto gegen Aufschlag auch in die Unterkunft. Wer die Autobahn A 22 nutzen will, muss beim Autovermieter ein Gerät mieten *(ca. 2 €/Tag)*, mit dem die elektronische Mautgebühr erfasst und abgerechnet werden kann. Ausführliche Infos zur (nicht ganz unkomplizierten) Maut, v. a. auch für den Fall, dass du mit deinem Privat-PKW kommst, gibt es z.B. hier: *bussgeld-info.de/maut-portugal*
Es gelten die gleichen Promillegrenzen sowie inner- und außerörtlichen Höchstgeschwindigkeiten wie in Deutschland, nur auf der Autobahn ist bei 120 km/h Schluss.

ÖFFENTLICHE VERKEHRSMITTEL

Die größeren Städte haben Stadtbusse, die in kurzen Abständen durch alle Stadtteile zirkulieren. Von einem Ort in den anderen fahren preiswerte Überlandbusse, du kannst sogar in gut 3 Stunden per Bus nach Lissabon gelangen.
Fahrpläne und Tickets findest du auf den Seiten der Busgesellschaften *(eva-bus.com, frotazul-algarve.pt, rede-expressos.pt)*. Du kannst die Algarveküste zwischen Lagos und Vila Real de Santo António auch gut mit der Bahn *(cp.pt)* erkunden, teilweise führt die Strecke durch wirklich tolle Landschaften, wie z. B. entlang der Lagunen der Ria Formosa zwischen Faro und Tavira. In Faro, Tavira, Portimão und Lagos liegt der Bahnhof im Zentrum, Albufeira z. B. erreichst du über den Bahnhof Ferreiras. Wer mit dem Zug aus Richtung Lagos kommt, muss in Tunes umsteigen.

INSIDER-TIPP
Die Algarve in tollen Zügen genießen

TAXI

Das Taxameter zeigt dir den exakten Fahrpreis an. Koffer kosten zusätzlich, Fahrten in der Nacht und am Wochenende ebenfalls.

IM URLAUB

AUSKUNFT

Über die offiziellen Tourismusportale *visitportugal.com* und *visitalgarve.pt* bekommst du schon vorab viele Informationen. Stadtpläne, Wanderbroschüren und hilfreiche Infos gibt's in den Touri-Infos *(Posto de Turismo)* in den Zentren aller wichtigen Orte.

CAMPING

An der Algarve scheint es in fast jedem Ort einen Campingplatz zu geben, manchmal sogar in richtig guter Lage, nah am Meer. Nicht selten sieht man auch Wohnwagen aus Mittel- oder

FESTE & EVENTS
RUND UMS JAHR

FEBRUAR
Karneval, (v. a. Loulé, Alte, Paderne Monte Gordo und Moncarapacho) (Foto)

MÄRZ/APRIL
Festa da Mãe Soberana in Loulé: größtes religiöses Fest der Algarve, beginnt Ostern mit riesiger Prozession

MAI.
Festival Islâmico (Mértola/Alentejo): Islamisches Festival (in ungeraden Jahren), *festivalislamicodemertola.com*

JUNI
Santos Populares (diverse Orte): den Schutzheiligen gewidmete Umzüge: Santo António, São Pedro und São João

Festival MED in Loulé: Worldmusic *festivalmed.pt*

JULI
Festa dos Pescadores: (Arrifana): Fischerfest; parallel **Arrifana Sunset Fest** *(facebook: arrifanasunsetfest)* mit Musik

AUGUST
Feira Medieval (Silves): Mittelaltermarkt, *feiramedievaldesilves.pt*
Festival do Marisco (Olhão): Meeresfrüchtefestival mit Konzerten, *festival domarisco.com*
Festival da Sardinha (Portimão): Sardinenfestival mit Konzerten, *festival dasardinha.pt*
Dias Medievais (Castro Marim): Mittelaltertage, *diasmedievais.cm-castro marim.pt*

SEPTEMBER
Festival F Faro: Musikfestival in der Altstadt, *festivalf.pt*

OKTOBER
Birdwatching Festival (Sagres): *bird watchingsagres.com*

NOVEMBER
Festival da batata doçe (Aljezur): Süßkartoffelfestival, *festival-batata doce.cm-aljezur.pt*

Nordeuropa auf Langzeiturlaub. Eine Übersicht der meisten Plätze findest du auf der folgenden Website: *camping.info/portugal/algarve*.
Wildes Campen ist verboten, und auch gegen Wohnwagen und Bullis auf den Klippen und an den Stränden gehen immer mehr Gemeinden (vor allem Sagres und Aljezur) entschieden vor. Legale Stellplätze findest du auf *autocaravanalgarve.com*.

FEIERTAGE

In vielen Städten und Dörfern gibt es örtliche Feiertage zu Ehren der Schutzheiligen, darüber hinaus gibt es folgende Feiertage:

1. Jan.	Neujahr
Feb./März	Karnevalsdienstag
März/April	Karfreitag
25. April	Jahrestag der Revolution 1974
1. Mai	Tag des Arbeiters
Juni	Fronleichnam
10. Juni	Portugal-Tag/(Camões-Tag)
15. Aug.	Mariä Himmelfahrt
5. Okt.	Gründung der Republik 1910
1. Nov.	Allerheiligen
1. Dez.	Ende der Personalunion mit Spanien
8. Dez.	Mariä unbefleckte Empfängnis
25. Dez.	Weihnachten

GELD & KREDITKARTE

In Portugal gilt der Euro. Fast überall gibt es Geldautomaten *(Multibanco)*, je nach Heimatbank können Abhebegebühren anfallen, außerdem gibt es eine Beschränkung auf zweimal 200 Euro/Tag. Bei den Automaten von ATM Euronet Worldwide fällt diese weg. Mietwagen, Hotel, oft auch das Restaurant – fast alles ist mit Kredit- und EC-Karten bezahlbar.

MÄRKTE

In jeder Stadt gibt es einen regionalen Markt für Obst, Gemüse, Fleisch und Fisch – den *mercado municipal*. Dort findest du in der Regel sehr gute und frische Waren. Die schönsten Mercados, die meist Mo–Sa 8–13 Uhr geöffnet sind, findest du in Loulé und Olhão. Außerdem finden in allen Bezirken mindestens einmal pro Monat bunte Allerlei- bzw. Flohmärkte statt.

ÖFFNUNGSZEITEN

Im Sommer haben die meisten Restaurants durchgehend geöffnet, in den Wintermonaten gönnen sie sich einen Ruhetag (oft So oder Mo) oder einen mehrwöchigen Winterschlaf. Läden sind in der Regel Mo–Fr 10–13 und 15–19 Uhr sowie am Samstagvormittag geöffnet. Große Supermärkte und Shoppingcenter haben täglich geöffnet, meist 9–22 Uhr. Museen und Sehenswürdigkeiten sind oft Mo oder So/Mo geschlossen, die genauen Öffnungszeiten können wechseln.

POST

Die Postämter in Portugal sind ebenso rot wie Briefkästen und heißen CTT oder *correios*. Sie sind meist Mo–Fr 9–18 Uhr geöffnet, Hauptpostämter zusätzlich am Samstagvormittag. Briefmarken gibt's auch im Automaten. Normale Briefe und Postkarten benötigen innerhalb der EU 4–6 Tage. Infos über Filialen und Postgebühren findest du unter *ctt.pt*.

PREISE

Günstiger als in den normalen Supermärkten ist das Einkaufen in den an der Algarve ziemlich präsenten deutschen Discountern. Museumseintritte beginnen bei 1,50 Euro; Ermäßigungen gibt es normalerweise für Kinder, Studenten und Senioren. Beim Thema Essen gibt es eine riesige Spanne: Menüs in einfachen Einheimischen-Restaurants bekommst du gelegentlich schon ab 10 Euro, es gibt aber auch Spitzenkoch-Degustationen für über 100 Euro.

SPRACHE

In der Algarve wird Portugiesisch gesprochen, in allen touristischen Orten kommst du auch prima mit Englisch (und manchmal sogar Deutsch) weiter. Spanisch wird verstanden, jedoch als Verständigungssprache nicht so gern gehört. In den Dörfern des Hinterlands verständigst du dich einfach mit Händen und Füßen!

STRÄNDE

Der Atlantik kann seine Tücken haben, die Anweisungen und Flaggen der Rettungsschwimmer haben also durchaus Sinn (grün = alles super, gelb = Obacht, rot = das Wasser ist tabu)! Blaue Flaggen flattern an Stränden mit besonders guter Wasserqualität. Nimm die Warntafeln zu bröckeligen Klippen ernst, es gibt tatsächlich immer wieder fatale Abbrüche. Beachte auch den Tidenhub: Der Unterschied zwischen Hoch- und Niedrigwasser kann je nach Mondphase fast 3 m ausmachen *(Gezeitentabelle: z. B. hidrografico.pt)*. FKK ist offiziell nur an wenigen Stränden gestattet: Adegas bei Odeceixe, Deserta bei Faro und Barril bei Tavira. Oben ohne wird aber inzwischen an vielen Stränden und Pools toleriert.

Algarve wie aus dem Bilderbuch: Fischerviertel in Olhão

GRÜN & FAIR REISEN

Du willst beim Reisen deine CO_2-Bilanz im Hinterkopf behalten? Dann kannst du deine Emissionen kompensieren *(atmosfair.de; myclimate.org)*, deine Route umweltgerecht planen *(routerank.com)* oder auf Natur und Kultur *(gate-tourismus.de)* achten. Mehr über ökologischen Tourismus erfährst du hier: *oete.de* (europaweit); *germanwatch.org* (weltweit).

TELEFON & INTERNET

Die portugiesische Vorwahl lautet +351. Handynummern beginnen mit 9, Festnetznummern mit 2. Vorwahl für Deutschland: 0049; Österreich: 0043; Schweiz: 0041. WLAN gibt es in jedem Hotel und in den meisten Restaurants und Cafés.

TOILETTEN

In den Strandbars und in vielen älteren WCs vertragen die dünnen Rohre kein Papier. Das gehört stattdessen in den bereitstehenden Abfalleimer.

TRINKWASSER

Das Leitungswasser schmeckt in den Küstenorten häufig nach Chlor, im Hinterland ist es einwandfrei. Am besten kauft man Trinkwasser günstig in 5-Liter-Kanistern im Supermarkt.

WAS KOSTET WIE VIEL?

Kaffee	ab 0,70 Euro *für eine Tasse Espresso*
Imbiss	ab 3,50 Euro *für ein bifana-Brötchen*
Wein	ab 3 Euro *für ein Glas Wein in der Bar*
Souvenir	6 Euro *für eine handbemalte Azulejo-Fliese*
ÖPNV	ca. 1,50 Euro *für 10 km Zugfahrt*
Fahrrad	20 Euro *für 1 Tag Mountainbike*

ÜBERNACHTEN

Es gibt alles, von Campingplätzen über Jugendherbergen *(pousadasjuventude.pt)* und Hostels bis zu absoluten Luxushotels – alles eine Frage des Geldbeutels und der Vorlieben.
Die meisten Hotels konzentrieren sich auf den Barlavento, vor allem die Regionen um Albufeira, Armação de Pêra und Portimão sind ziemlich zugepflastert. Carvoeiro und Lagos sind etwas sanftere Hotspots, und auch Sagres und seine Umgebung bieten viele kleinere Übernachtungsmöglichkeiten.
Ziemlich edel geht es in den Hotels in Vilamoura und im „Goldenen Dreieck" rund um Quinta do Lago zu. Die Städte Faro, Olhão und Tavira haben ein übersichtliches Hotelangebot, erst in Monte Gordo zeigt sich der Sotavento nochmal von seiner touristischeren Seite.
Im Hinterland und an der Westküste sind riesige Hotelkomplexe Mangelware, hier findest du stattdessen sehr hübsche Landhotels oder Ferienwohnungen.

ZOLL

Innerhalb der EU *(zoll.de)* sind bei der Ein- und Ausfuhr von Waren für den persönlichen Gebrauch gewisse Obergrenzen zu beachten (z. B. 800 Zigaretten, 10 l Spirituosen). Für Schweizer *(ezv.admin.ch)* gelten geringere Freimengen bis zu einem Gesamtwert von 300 Franken (z. B. 250 Zigaretten, 1 l Spirituosen).

NOTFÄLLE

DIPLOMATISCHE VERTRETUNGEN

Hier findest du im Notfall Hilfe:

Deutsches Honorarkonsulat
Rua António Crisógno dos Santos 29/ Bloco 3, Escritório I | Lagos | Tel. 2 82 79 96 68 | lissabon.diplo.de

Österreichische Botschaft
Avenida Infante Santo 43 | 4. OG | 1399-046 Lissabon | Tel. 2 13 94 39 00

Schweizerische Botschaft
Travessa do Jardim 17 | Lissabon | Tel. 2 13 94 40 90 | eda.admin.ch/lisbon

GESUNDHEIT

Mit der Europäischen Versicherungskarte deiner Krankenkasse kannst du dich an die Notaufnahmen *(urgências)* der örtlichen Gesundheitszentren *(Centros de Saúde)* oder eines staatlichen Krankenhauses *(hospital)* wenden. Schneller behandelt wirst du in den (teuren!) Privatkliniken oder bei Privatärzten (eine Liste deutschsprachiger Ärzte findest du auf der Botschafts-Website). Reiche den Arztbericht und die Rechnung nach dem Urlaub bei deiner Versicherung ein, in der Regel wird der Betrag erstattet. Wer auf Nummer sicher gehen will, schließt eine Auslandskrankenversicherung ab. Apotheke heißt *farmácia*, für Antibiotika brauchst du ein Rezept, viele in Deutschland rezeptpflichtige Medikamente gibt's in Portugal frei.

NOTFALLNUMMERN

Polizei, Feuerwehr, Ambulanz: Tel. 112

WETTER IN FARO

Hauptsaison
Nebensaison

	JAN.	FEB.	MÄRZ	APRIL	MAI	JUNI	JULI	AUG.	SEPT.	OKT.	NOV.	DEZ.
Tagestemperaturen	15°	16°	18°	20°	22°	25°	28°	28°	26°	22°	19°	16°
Nachttemperaturen	9°	10°	11°	13°	14°	18°	20°	20°	19°	16°	13°	10°
Sonnenschein Stunden/Tag	6	7	7	9	10	12	12	12	10	8	6	6
Niederschlag Tage/Monat	7	6	8	5	3	1	0	0	2	4	7	7
Wassertemperatur in °C	15	15	15	16	17	18	19	20	20	19	17	16

Sonnenschein Stunden/Tag · Niederschlag Tage/Monat · Wassertemperatur in °C

SPICKZETTEL PORTUGIESISCH

SMALLTALK

ja/nein/vielleicht	sim/não/talvez	**ßiing/nau/tal'wesch**
bitte	se faz favor	**ß fasch fa'wor**
danke	obrigado (m)/obrigada (f)	**obri'gadu/obri'gada**
Gute(n) Morgen!/Tag!/ Abend!/Nacht!	Bom dia!/Bom dia!/Boa tarde!/Boa noite!	**bong 'dia/bong 'dia/'boa 'tard/'boa 'noit**
Hallo!/Tschüss!	Olá!/Ciāo!	**o'la/tschau**
Ich heiße …	Chamo-me …	**'schamu-me**
Wie heißt du?/Wie heißen Sie?	Como te chamas?/Como se chama?	**'komu te 'schamas/ 'komu se 'schama**
Ich komme aus …	Sou de …	**souh dö**
Entschuldige!/ Entschuldigen Sie!	Desculpa!/Desculpe!	**disch'kulpa/disch'kulp**
Wie bitte?	Como?	**'komu**
Das gefällt mir (nicht).	(Não) Gosto disto.	**(nau) 'goschtu 'dischtu**
gut/schlecht	bem/mal	**bäi/mal**

ZEIGEBILDER

ESSEN & TRINKEN

Die Speisekarte, bitte.	A ementa, se faz favor.	ah ih'menta, ß fasch fa'wor
Flasche/Glas	garrafa/copo	gar'raffa/'koppu
Salz/Pfeffer/Zucker	sal/pimenta/açúcar	ßall/pi'menta/a'ßuhkar
Essig/Öl	vinagre/azeite	wi'nahgre/a'säite
Messer/Gabel/Löffel	faca/garfo/colher	'faka/'garfu/kul'jer
Milch/Sahne/Zitrone	leite/nata/limão	'läite/'nahta/li'mau
mit/ohne Eis/ Kohlensäure	com/sem gelo/gás	kong/ßäing 'schelu/ gasch
Vegetarier(in)/Allergie	vegetariano, -a/alergia	weschetari'anu, -a/ aller'schia
Rechnung	conta	konta
Ich möchte zahlen, bitte.	A conta, se faz favor.	ah 'konta, ß fasch fa'wor
bar/Kreditkarte	em dinheiro/com cartão de crédito	äi din'jäiro/kong kar'tau dö 'krehditu

NÜTZLICHES

Wo ist …?/Wo sind …?	Onde é ...?/Onde são ...?	'onde eh/'onde ßau
Wie viel Uhr ist es?	Que horas são?	keh 'orasch ßau
Es ist drei Uhr.	São três horas.	ßau tres 'orasch
heute/morgen/gestern	hoje/amanhã/ontem	'osche/amman'ja/'ontäim
Wie viel kostet …?	Quanto custa ...?	'kuantu 'kuschta
Wo finde ich einen Internetzugang?	Onde há acesso à internet?	onde ah a'ßeßu ah 'internet
Hilfe!/Achtung!	Socorro!/Atenção!	ßu'korru/atten'ßau
Fieber/Schmerzen	febre/dores	'fehbre/'dohresch
Apotheke/Drogerie	farmácia/drogaria	far'mahßia/droga'ria
Verbot/verboten	interdição/proibido	interdi'ßau/prui'bidu
kaputt/funktioniert nicht	estragado/não funciona	ischtra'gadu/nau fung'ziona
Panne/Werkstatt	avaria/garagem	awa'riah/ga'rahschäing
Fahrplan/Fahrschein	horário/bilhete	o'rahriju/bil'jet
0/1/2/3/4/5/6/7/8/9/ 10/100/1000	zero/um, uma/dois, duas/ três/quatro/cinco/seis/ sete/oito/nove/dez/ cem/mil	'säru/'ung, 'uma/'doisch, 'duasch/tresch/'kuatru/ 'ßinku/'ßäisch/'ßät/'oitu/ 'noww/'däsch/'ßäi/mil

URLAUBS FEELING

ZUM EINSTIMMEN & AUSKLINGEN

LESESTOFF & FILMFUTTER

MORD AN DER ALGARVE

Sieben Tote in vier Monaten – die Journalistin Anabela Silva forscht nach und stößt auf Schweigen. Malerisch schön beschreibt Carolina Conrad das Hinterland der Ostalgarve, inzwischen auch in drei weiteren Fällen. (2018)

PORTUGAL – DER WANDERFILM

Eigentlich wollten die Filmemacher Silke Schranz und Christian Wüstenberg nur den Wanderweg *Rota Vicentina* laufen, doch aus den geplanten 100 wurden schließlich 1000 km. (DVD, 2018)

LOST IN FUSETA

Unterschätze nie einen Asperger-Autisten! Der Hamburger Kommissar Leander Lost ist bei der Policia Judiciária in Faro gelandet und ermittelt nun dort. Nach 5 Romanen von Gil Ribeiro erschien nun auch ein zweiteiliger Film über den Kriminalisten mit Inselbegabung. (2022, ARD)

RACHE IM ALENTEJO

Die an der Algarve lebende deutsche Autorin Catrin Ponciano verstrickt auch in ihrem zweiten Portugal-Krimi historische Ereignisse spannend mit fiktiven Geschichten. (2022)

PLAYLIST SINGER-SONGWRITER

0:58

II SALVADOR SOBRAL – AMAR PELOS DOIS
Der schmachtende Jazz-Musiker und ESC-Winner von 2017 liebt für zwei

▶ NANOOK – MAIS PERTO, SÓ
Ein echter Algarvio! Mit rauer Stimme, Mundharmonika und Gitarre betört der Liedermacher aus Faro jede Hörerin

▶ TIAGO BETTENCOURT – CARTA
Gänsehaut-Song von einem der talentiertesten Musikern des Landes

▶ ANA MOURA – DESFADO
Portugal ohne Fado? Diese Melodie ist eigentlich viel zu fröhlich

▶ ANTONIO VARIAÇÕES – CANÇÃO DO ENGATE
Einer von vielen fantastischen Songs des mit 39 Jahren Verstorbenen

Den Soundtrack zum Urlaub gibt's auf **Spotify** unter **MARCO POLO Portugal**

Oder Code mit Spotify-App scannen

AB INS NETZ

ALGARVE-ENTDECKER.COM
Kein Blog informiert so aktuell, ausführlich und hintergründig über die Algarve wie dieses fast im Alleingang produzierte Reise- und Regional-Magazin. In der wöchentlichen News-Übersicht gibt's alle Infos ganz kompakt.

ALGARVE-PUR.DE
Bloggerin Steffi zeigt, wie man in ihrem Traumreiseziel Algarve Urlaub auf eigene Faust machen kann. Mit Übersichten zu einzelnen Regionen und praktischen Reisetipps.

ALGARVEBLOG.NET
Englischsprachiger Blog mit künstlerischen Themen. Kein Wunder, Alyson ist Malerin, Dave Fotograf. Manchmal geht's auch um ihren süßen Wasserhund – Kat the Dog.

O COZINHEIRO ESTE ALGARVE
Der britische Hobbykoch Rupert, der in seinem Bed & Breakfast in Castro Marim hingebungsvoll seine Gäste bekocht, trägt in seinem Food-Blog regionale Rezepte und Neukreationen zusammen. *(casarosada-algarve.blogspot.com)*

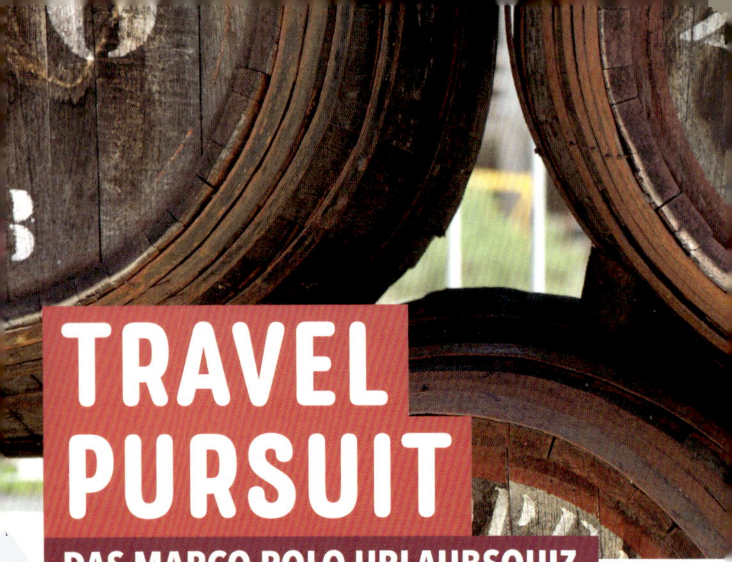

TRAVEL PURSUIT

DAS MARCO POLO URLAUBSQUIZ

Weißt du, wie die Algarve tickt? Teste hier dein Wissen über die kleinen Geheimnisse und Eigenheiten von Land und Leuten. Die Lösungen findest du in der Fußzeile. Und ganz ausführlich auf den S. 18–23.

❶ In welchem Bereich der Algarve wächst der beste Wein?
a) Lagos
b) Lagoa
c) Loulé

❷ Worum geht es in Fado-Liedern oft?
a) Sinnlichkeit und Erotik
b) Freundschaft und Feindschaft
c) Sehnsucht und Liebe

❸ Welche dieser Blüten ist am wertvollsten?
a) Salzblüte
b) Mandelblüte
c) Zitronenblüte

❹ Warum gibt es kaum noch Spuren der Mauren?
a) Weil die Phönizier Baumaterialien brauchten
b) Weil die Römer Feuer legten
c) Weil die Christen vieles abrissen und überbauten

❺ Was ist Manuelinik?
a) Eine Dekorationstechnik der Spätgotik
b) Eine Schnitztechnik der Frührenaissance
c) Eine Maltechnik der Romanik

Lösungen: 1b, 2c, 3a, 4c, 5a, 6b, 7c, 8a, 9a, 10b, 11c

Na, wo kommt der beste Wein der Algarve her?

❻ Wie reagieren die Vögel des Naturparks Ria Formosa auf den Flugverkehr am Airport Faro?

a) Zunehmend gestresst
b) Völlig gelassen
c) Ziemlich aggressiv

❼ Was sitzt auf vielen Dächern der Algarve?

a) Eine glückliche Möwenfamilie
b) Eine moderne Fotovoltaikanlage
c) Ein dekorativer Kamin

❽ Wofür steht die Zahl auf der Korkeiche?

a) Für das Jahr der letzten Ernte. Bei einer 0 (also 2020) darf erst 2029 wieder geerntet werden
b) Für das Jahr, in dem der Baum im letzten Jahrhundert gepflanzt wurde (8=1908)
c) Für den Bauern, dem der Korkeichenwald gehört

❾ Warum sind die Fischerboote so bunt angemalt?

a) Um im Nebel besser gesehen zu werden
b) Um die Frauen zu beeindrucken
c) Um die Möwen abzuschrecken

❿ Was bedeutet das Wort „Azulejo" (arabisch *al-zulij*)?

a) Blaue Fliese
b) Kleiner Stein
c) Glänzende Kachel

⓫ Warum werden die Dörfer im Hinterland immer leerer?

a) Die Leute haben zu viel Medronho getrunken und verkriechen sich in ihren Häusern.
b) Es gibt immer weniger Esel.
c) Die jungen Leute wohnen lieber in den Küstenstädten.

REGISTER

Albufeira **85**, 137, 138, 142
Alcantarilha 88, **91**
Alcoutim **63**, 130, 131
Alferce 116, 120
Algar Seco 84
Algoz 114, **115**
Aljezur **102**, 127, 128, 139, 140
Almancil 18, **48**
Alte 124
Alvor 19, 21, 80, **82**
Armação de Pêra **90**, 142
Armona 52
Arrifana **106**, 139
Barragem da Bravura 74
Barragem de Odelouca 116
Barragem do Funcho 114
Barranco do Velho 124
Bensafrim 127
Bordeira 107, 129
Burgau 75
Cabanas de Tavira 58
Cabo de Santa Maria 48
Cabo de São Vicente 32, 33, 63, **101**, 129
Cacela Velha 59
Caldas de Monchique 118, **120**
Carrapateira **106**, 129
Carvoeiro 83, **84**, 91, 142
Castro Marim 22, **61**, 130, 139, 147
Cerro da Cabeça 53
Costa Vicentina 35, 94, 128
Culatra 52
Estói 48
Estômbar 115
Fábrica 59
Faro 22, **42**, 136, 137, 138, 139, 141, 142, 146, 147
Ferragudo 77, **82**
Ferreiras 115
Fóia 33, 115, 117, 118, **119**, 120
Fonte da Benémola **125**, 134
Foz de Odeleite 61
Fuseta 53
Guia 34, **91**
Ilha da Armona 53
Ilha da Barreta 48
Ilha de Faro 34, 46
Ilha de Tavira 54, **58**
Ilha Deserta 48
Lagoa 23, **83**
Lagoa dos Salgados 34, 89
Lagos 18, 35, 42, **68**, 127, 137, 138, 142
Lissabon 137, 138
Loulé 22, 33, **120**, 133, 139, 140
Luz 74
Manta Rota 60
Mata Nacional das Dunas Litorais 60
Mata Porcas 119
Meia Praia 34, 73
Mértola 22, 60, 131, 139
Mexilhoeira Grande 34
Milreu 49
Miradouro da Fonte Santa 120
Moinho de Odeceixe 105
Moncarapacho 53, 139
Monchique 21, **115**
Monte Gordo 59, 60, 61, 139, 142
Nossa Senhora da Rocha 90
Nossa Senhora de Guadalupe 102
Odeceixe **105**, 141
Odiáxere 74
Olhão 19, 20, **49**, 50, 139, 140, 142
Olhos de Água 87
Paderne 92, 139
Parque Aventura 88
Parque Municipal do Sitio das Fontes 115
Pedralva 102
Penina 124
Picota 115, **120**
Ponta da Arrifana 106
Ponta da Piedade 32, **72**, 73
Ponta de Atalaia 106
Ponta de Carrapateira 107
Portimão 19, 35, **76**, 82, 115, 138, 139, 142
Porto Mós 73
Praia da Amoreira 128
Praia da Angrinha 82
Praia da Arrifana 34
Praia da Boca do Rio 75
Praia da Bordeira 106, 107, 129
Praia da Cordoama 101
Praia da Falésia 87
Praia da Galé 88, 90
Praia da Ingrina 100
Praia da Luz 73
Praia da Mareta 100
Praia da Marinha 84
Praia da Oura 89
Praia da Rocha 76, **77**, 80, 82
Praia de Cabanas 58
Praia de Faro 46
Praia de Odeceixe 105
Praia de Santo António 132
Praia de São Rafael 88
Praia do Alemão 80
Praia do Amado 34, 107, 129
Praia do Barril 19, 58
Praia do Beliche 100
Praia do Camilo 72, 73
Praia do Caniço 80
Praia do Castelejo 101
Praia do Castelo 88
Praia do Evaristo 88
Praia do Martinhal 99, 100
Praia do Molhe 82
Praia do Penedo 87
Praia do Tonel 100
Praia do Vau 80
Praia do Zavial 100
Praia Dona Ana 72, 73
Praia dos Pescadores 87
Praia dos Salgados 89
Praia dos Três Castelos 80
Praia Grande 34, 82
Praia Verde 60
Quarteira 19, **93**
Quatro Águas 19, 58
Querença 125
Quinta de Marim 20, 51
Quinta do Lago 46, 48, 142
Raposeira 102
Reserva Natural do Sapal de Castro Marim **62**, 130
Ria de Alvor 35, 73, **82**
Ria Formosa 16, **19**, 20, 22, 28, 32, 35, 38, 43, 44, 46, 51, 52, 53, 138
Ribeira de Odelouca 116
Rio Arade 76, 77, 112, 114, 115
Rio Gilão 53
Rio Guadiana 38, 59, 60, 62, 130
Rio Seixe 105
Rocha da Pena 32, **124**
Rota Vicentina 33, 35, 101, 107, 129, 146
Sagres 19, 32, 34, 35, **98**, 129, 139, 140, 142
Salema **75**, 129
Salgados 88
Salir 124
Sanlúcar de Guadiana 131
Santa Luzia 57
Santo António de Arenilha 59

São Brás de Alportel 18, 125, 133, 135
São Marcos da Serra 115
Serra de Monchique 18, 31, 103, **115**
Serra do Caldeirão 18, 124
Silves 22, 80, **112**, 139
Spanien 60
Tavira 22, 33, **53**, 63, 138, 141, 142
Vale do Lobo 48
Via Algarviana 18, 33, 35, 63, 101, 117, 120, 125
Vila do Bispo 101, 129
Vila Real de Santo António **59**, 60, 132, 138
Vilamoura **93**, 142
Zoo de Lagos 74
Zoomarine 88, 92

LOB ODER KRITIK? WIR FREUEN UNS AUF DEINE NACHRICHT!

Trotz gründlicher Recherche schleichen sich manchmal Fehler ein. Wir hoffen, du hast Verständnis, dass der Verlag dafür keine Haftung übernehmen kann.

MARCO POLO Redaktion • MAIRDUMONT • Postfach 31 51
73751 Ostfildern • info@marcopolo.de

Impressum
Titelbild: Praia do Camilo (huber-images: S. Kremer)
Fotos: DuMont Bildarchiv: S. Lubenow (Klappe vorne außen, Klappe vorne innen/1, 24/25, 31, 50, 61, 84, 121), T. P. Widmann (Klappe hinten); huber-images: G. Gräfenhain (102/103), M. Howard (2/3, 14/15, 71, 82/83), J. Huber (10), S. Kremer (72/73), S. Lubenow (32/33, 58, 69, 76, 99); huber-images/4 Corners: M. Howard (75); Laif: F. Heuer (56), C. Zahn (27, 34, 124); Laif/hemis.fr: F. Guiziou (94/95); S. Lier (151); Look: T. Roetting (80), T. Stankiewicz (105, 129), B. v. Dierendonck (118); Look/age fotostock (141); Look/Cavan Images (8); mauritius images: F. Guiziou (38/39), R. Harding (6/7), M. Howard (12/13, 114, 117), J. Warburton-Lee (126/127); mauritius images/Alamy: (19, 20, 23, 48/49, 100, 106, 112), amnat99 (44, 122), Bildagentur-online/McPhoto-Boyungs (47), A. Gardiner (132/133), E. Lattes (108/109), M. Rodrigues (139), T. E. White (43); mauritius images/Travel Collection: G. Lengler (135); mauritius images/Warburton-Lee: S. Lubenow (148/149); picture-alliance/Zoonar: I. Tykhyi (35); Schapowalow: O. Fantuz (64/65); Schapowalow/4 Corners: M. Howard (92); Schapowalow/SIME: L. Da Ros (89); Shutterstock: David Herraez Calzada (78/79), Lucian Coman (26/27), DeltaOFF (90/91), Marcin Krzyzak (146/147), Lux Blue (62), Sopotnicki (52, 86/87, 136/137), SteveWoods (11), Tupungato (30/31); T. P. Widmann (9)

20., aktualisierte Auflage 2024

Autoren: Sara Lier, Rolf Osang
Redaktion: Petra Klose
Bildredaktion: Anja Schlatterer
Kartografie: © KOMPASS-Karten GmbH, Karl-Kapferer-Straße 5, A-6020 Innsbruck unter Verwendung von Kartendaten: © MairDumont, D-73751 Ostfildern (S. 36-37, 128, 131, 134, Umschlag außen, Faltkarte); © KOMPASS-Karten GmbH, kompass.de unter Verwendung von © OpenStreetMap Contributors, osm.org/copyright (S. 40-41, 42, 54, 66-67, 68, 77, 86, 96-97, 110-111)
Als touristischer Verlag stellen wir bei den Karten nur den De-facto-Stand dar. Dieser kann von der völkerrechtlichen Lage abweichen und ist völlig wertungsfrei.
Gestaltung Cover, Umschlag und Faltkartencover: bilekjaeger_Kreativagentur mit Zukunftswerkstatt, Stuttgart; Gestaltung Innenlayout: Langenstein Communication GmbH, Ludwigsburg; Spickzettel: in Zusammenarbeit mit PONS Langenscheidt GmbH, Stuttgart ; Texte hintere Umschlagklappe: Lucia Rojas; Konzept Coverlines: Jutta Metzler, bessere-texte.de
Printed in China

MIX
Papier aus verantwortungsvollen Quellen
FSC® C124385

MARCO POLO AUTORIN
SARA LIER
Seit rund 15 Jahren wandert die Studienreiseleiterin Sara Lier mit ihren Gästen über die Küstenpfade der Algarve, erklimmt die Berge des Hinterlands und streift durch die kopfsteingepflasterten Gässchen der anheimelnden Städte. Sie liebt den Süden ihrer Wahlheimat Portugal zu jeder Jahreszeit, egal, ob in den einsamen Wintermonaten oder im überfüllten Sommer.

BLOSS NICHT!

FETTNÄPFCHEN UND REINFÄLLE VERMEIDEN

AUF DEN KLIPPEN RUMKRAXELN

Die Warnschilder stehen nicht zur Zierde an den bröckeligen Felsküsten und an den Stränden darunter, da geht wirklich öfters mal was ab. Wer klettern will, findet an der Algarve auch stabile Kletterwände.

MIT FEUER SPIELEN

In den trockenen Sommern kannst du nicht vorsichtig genug sein – die Waldbrandgefahr, vor allem in den Eukalyptushainen, ist enorm. Da kann schon eine weggeschnippte Zigarette zur Katastrophe führen.

GRACIAS SAGEN

Auch wenn du dich über deine Spanisch-Kenntnisse freust und sie gern anwenden möchtest – mach dir trotzdem die Mühe und lerne zwei, drei Wörter Portugiesisch! Man versteht hier zwar ohne Probleme die Sprache der Nachbarn – ein brüchiges *Obrigada* kommt aber auf jeden Fall besser an als ein stolzes *Gracias*. Hat historische Gründe …

MIT DEM AUTO IN DIE ALTSTADT

Beim Bau so mancher Altstadt dachte noch keiner an Autos. Entsprechend schmal können die Gässchen werden. Wenn dann noch irgendwo ein Auto parkt, ist es zu spät zum Wenden. Lieber außerhalb parken und zu Fuß gehen!

ÜBERGEWICHTIGE FISCHE BESTELLEN

Fische und Meeresfrüchte stehen auf den Speisekarten meist in Kilopreisen – da kann die Rechnung später schon mal zu Schnappatmung führen. Lass Fische und Muscheln unbedingt vorher wiegen, so gibt's keine Überraschungen.